ÄLDREOMSORGEN I SVERIGE

HISTORIA OCH FRAMTID I ETT BEFOLKNINGSEKONOMISKT PERSPEKTIV

ペール・ブルメー＆ピルッコ・ヨンソン
Per Broomé & Pirkko Jonsson
石原俊時❖訳

スウェーデンの高齢者福祉

過去・現在・未来

新評論

訳者解説

訳者が初めてスウェーデンを訪れたのは、一九九〇年の夏のことである。そのとき、老人や身体障害者の姿をよく見かけた。ベンチで日向ぼっこをしている老人はのどかな情景をかもしだしていたが、どこか寂しげでもあった。

老人の姿が目立ったのは、日本よりも人口の高齢化が進んでいたことに加えて、ちょうどバカンスのシーズンで、働き盛りの者はどこか別の所で夏を満喫していたためかもしれない。とはいえ、歩道には段差がないとか、公共施設の入り口は自動ドアになっているとか、バリアフリー化が進んでいることは間違いなかった。そして、その情景において見た老人の姿は、さまざまな意味でスウェーデン社会を象徴する存在として今でも目に焼きついている。

近年、日本でも高齢化社会化の問題が活発に議論されている。たとえば、それに対応するため、年金をはじめとする社会保障諸制度の見直しが急務とされている。一方、スウェーデンにおいても人口の高齢化は深刻な問題である。

一部に、スウェーデンにおけるこの問題がほとんど解決済みであるかのように紹介されているが、これはまったく誤りであると考える。むしろ、それへの対応のいかんによって、福祉国家の鼎《かなえ》の軽重が問われている状況であると言っても過言ではないであろう。

訳者は「経済史」を専門とし、これまで労働運動を主な対象としてスウェーデン福祉国家がどのように形成されてきたのかについて研究してきた。したがって、高齢者福祉の専門家ではなく、社会保障の現状について本格的な勉強をしてきたわけではない。とはいえ、スウェーデン福祉国家が今後どのような道を進むのかという問題は、福祉国家の歴史研究と決して無関係ではない。進むべき道の選択は過去の経験に規定されるし、一度ある方向が選択されたならば、逆にどうしてそれが選ばれたのかという視角から過去を振りかえざるを得ないからである。それゆえ、高齢化社会化への対応が将来の福祉国家の行方を左右するならば、現在のスウェーデンがそれにどのように対応しようとしているのかに注目することに何ら不思議はないであろう。

訳者が本書に注目したのは、何より現在の高齢化社会化の問題を二〇〇年以上にもわたる長期的なスパンのうえに位置づけ、その歴史的意味を明らかにしようとしていることによる。しかも、原著で一〇〇ページにも満たない書物であるにもかかわらず、多様な事実と数多くの論点がコンパクトにまとめられている。スウェーデン本国でも高齢者のあり様や高齢者福祉を歴史的に扱った研究は少なく、その点でも本書は貴重なものである。そのうえ、スウェーデンの経験は、日本の現状を長期的な視点で見るヒントを与えてくれることも期待される。そこで、本書を訳出することによって、高齢者福祉に関するスウェーデンと日本の経験との、社会福祉研究における歴史研究と現状分析との相互対話を進める足がかりを提供できるのではないかと考えたわけである。

とはいえ、原著刊行から早くも一〇年が過ぎてしまった。この間に、日本でも知られている年金改革が行われたように、スウェーデンの高齢者福祉には新たな展開が見られた。著者たちによる「日本語版の序文」(四三ページから)は、その時間的距離を埋めようとするものである。しかし、それはごく短いものであり、屋上屋を重ねる恐れもあるが、敷衍あるいは補足する必要があるように思われる。そこで、以下では簡単に二人の著者について紹介し、本書の特徴について述べたあとで刊行後のスウェーデンにおける高齢者福祉の状況を概観し、改めて本書の意義について考えてみることにする。

1　著者の紹介と本書の特徴

著者の一人ピルッコ・ヨンソンは一九四八年生まれの社会学者である。ストックホルム大学で行動科学を学び、修士号を得た。下記の主要著作に見るように、コンサルタントとして活躍しながら、グループ作業などを対象に労働組織のダイナミズムについて研究してきた。今日では、国際的な研究プロジェクトに参加しつつ、スウェーデンの公共セクターの組織改革に従事している。

ヨンソンが、本書ではインタビューなどの資料を整理するなど補助的な作業を担当するにとどまったのに対し、実質的に執筆を担ったのがもう一人の著者ペール・ブルーメーである。本書の「日本語版への序文」を執筆してくれたのもブルーメーである。一九四二年生まれであるので、著者は二人とも、本書で注目されている一九四〇年代生まれの団塊の世代に属していることになる。

ブルーメーはルンド大学で経済学の修士号を取得したあと、経営コンサルタントとしてさまざまな企業の組織改革にたずさわった。巻末の著者紹介に示した主な著作のうち、（a）はそうした活動の一環として生まれたものであると言える。それ以後、これまでにコンサルタント会社で数々の重職を歴任する一方、スウェーデン人事管理連盟（Sveriges Personaladministrativa Föreningen）の役員を長い間務めてきた。その後、人口構造・人口動態への関心を深め、人口の高齢化がもたらすさまざまな問題に眼を向けるようになる。それが、（b）（c）（d）（e）（f）（g）といった著作につながり、本書（g）はそうした一連の著作の頂点をなすものだと考えられる。最近では、移民やエスニシティの問題に関心を移し、（h）（i）（j）（k）（l）（m）といった著作を発表している。

現在では、マルメ大学（Malmö Högskola）での研究プロジェクト「国際的移民とエスニシティ関係（Internationell migration och etniska relationer）」（ＩＭＥＲプロジェクトと呼ばれる）で中心的なメンバーとして活躍している。

原著者紹介

ピルッコ・ヨンソン（1948～　）

・*Arbetsmiljön*（『労働環境』）. Solna 1983.
・*Arbete i grupp*（『グループにおける労働』）. Stockholm 1998.
・*Laget: en bok om gruppen i det nya arbetslivet*（『チーム：新しい労働生活におけるグループについての本』）. Stockholm 2001.

ペール・ブルーメー（1942～　）

(a) *Kreditgivning till företag*（『企業への信用供与』Leif Elmér/Bertil Nylén との共著）, Lund 1982.
(b) *Ålderschocken*（『高齢化ショック』Rolf Ohlsson との共著）, Stockholm 1988.
(c) *Ålderschocken är redan här: intervju med Berth Jönsson. Samhällsekonomiska konsekvenser av befolkningsförändringarna 1987-2005*（『高齢化ショック既にここにあり』Rolf Ohlsson との共著）. Stockholm 1988.
(d) *Generationseffekten: Befolkningsekonomiska problem*（『世代の効果：人口経済学的問題』 Rolf Ohlsson, Tommy Bengtsson との共著）, Stockholm 1989.
(e) *Operation sjukvård*（『医療の作業』Rolf Ohlsson, Tore Nilsson との共著）, Stockholm 1993.
(f) *Besök i äldreomsorgen. Demografi och praktik i Motala*（『高齢者福祉の現場を訪ねて』Pirkko Jonsson との共著） Stockholm 1994.
(g) *Äldreomsorgen i Sverige. Historia och framtid i ett befolkningsekonomiskt perspektiv*（本書。Pirkko Jonsson との共著）, Stockholm 1994.
(h) *Varför sitter "brassen" på bänken? eller varför har invandrarna så svårt att få jobb?*（『なぜ「ブラジル人」はベンチに座っているのか、なぜ移民は職を得るのが難しいのか』） Stockholm 1996.
(i) *S-märkt: företagets etniska vägval*（『エス・マーク：企業の民族的選択』Ann-Katrin Bäcklund との共著）, Stockholm 1998.
(j) *Bäddat för mångfald*（『民族的多様性への道』Benny Carlson, Rolf Ohlsson との共著）, Stockholm 2001.
(k) *Ethnic diversity and labour shortage: rethoric and realism in the Swedish context*（『民族的多様性と労働者不足：スウェーデンの文脈におけるレトリックとレアリズム』Benny Carlson, Rolf Ohlsson との共著）, Stockholm 2001.
(l) "Kompetensförsörjning inför 2015: ett demografiskt perspektiv（「2015年を前にして技能養成：一つの人口学的観点」Rolf　Ohlsson との共著）", i: Kennth Abrahamsson red., *Utbildning,kompetens och arbete.* Stockholm 2002.
(m) *Generationsväxlingen och de sju dödssynderna*（『世代交代と七つの大罪』Rolf Ohlsson との共著）. Stockholm 2003.

本文中にもあるように、本書での主張は、著者たちのモタ―ラでの調査（『*Besök i äldreomsorgen. Demografi och praktik i Motala*［高齢者福祉の現場を訪ねて］』Pirkko Jonssonとの共著、Stockholm 1994. 文献（f）以下、『現場訪問』）に基づいている。地域における高齢者福祉の実態は、彼らにとって示唆に富むものであった。モタ―ラは、ヴェッテルン（Vättern）湖の東岸にある人口四万二〇〇〇人ほどの中規模都市で、イェータ運河のバルト海側への入り口にある町として知られている。また、一九九二年のエーデル改革（Ädelreformen）後の在宅医療と在宅福祉の統合において、[1]モデルケースの一つとされたコミューンとしても有名である。[2]

モタ―ラでは、人口の高齢化がスウェーデン全体で見たよりも早く進行していた。高齢者福祉に対する市の財政負担は増大し、一九八〇年代初め以降は、効率化や削減が問題となっていた。とりわけ、一九九〇年代に入り、経済不況の中で市財政は危機的な状況を呈していた。その一方では、市の西地区には「ガムラ・スタン（Gamla stan）」と呼ばれる区域が形成されていた。直訳すれば「古い町」で、ストックホルムの場合でいえば、ガムラ・スタンは古い町並みが残る旧市街のことである。しかし、モタ―ラの場合は一九七〇年代に建てられた賃貸住宅に老人がどんどんと移り住むようになり、「老人ゲットー」ともいうべき状況になった区域を指している。このようにモタ―ラは、スウェーデンにおける老人問題を端的に示す都市でもあった（『現場訪問』三四～三五ページ）。

スウェーデンにおける高齢者福祉諸制度は、とくに第二次世界大戦後に整えられてきた。それは、モタ一ラも例外ではない。一九八〇年代には、一九八二年の社会サービス法（**コラム1**参照）の成立に見るような中央での政策動向を反映し、コミューンの社会福祉行政を統括する社会福祉中央委員会（Social centralnämnd）は高齢者福祉に関して、ノーマライゼーション、自己決定、市民の参加（影響力）拡大、社会参加の促進を方針に掲げ、いっそうの福祉の充実を図ることとなった。自宅で生活することを含め、多様な老後の生活のあり方から、ニーズや好みに応じ

（1）スウェーデンでは、二度の石油危機を経験して以来、高度成長期の終焉が誰の眼にも明らかとなった。それに対応して、人口の高齢化に対する危機感もつのりはじめた。そこで、一九八八年にそれに対する具体策を講じるために「高齢者問題代表者会議（Äldredelegationen）」が選任され、改革か着手されることとなる。エーデル改革の「エーデル（ädel）」とは、この委員会の単語を組み合わせて略称としたことに由来する。「エーデル」とは、スウェーデン語で「高貴な」という意味である。改革の内容については後論を参照。

（2）スウェーデンの地方自治体には、教会組織を除くと、コミューンとランスティング（landsting）の二種類が存在する。コミューンは、日本の「市」「町」「村」にあたる。ランスティングは、いくつかのコミューンを包摂する広域地方自治体である。両者の関係は、日本の「市」と「県」とは異なり、「県」が「市」を統括する上下関係ではなく、基本的には対等な立場で様々な機能を分担しあう分業関係である。レーン（län）は、ランスティングと同じ地域を管轄しているが、国家の行政組織であって地方自治体ではない。アグネ・グスタフソン／岡沢憲芙監修・穴見明訳『スウェーデンの地方自治』早稲田大学出版会、二〇〇〇年、七～四六ページ参照。

COLUMN 1

社会サービス法（Socialtjänstlagen）

社会サービス法は、すべての社会サービスを対象とした基本法である。その成立に伴い、禁酒法、社会扶助法、児童福祉法、幼児保育法などが廃止された。したがって、高齢者福祉のみでなく、児童福祉、生活保護、障害者福祉なども対象となる。そこで主張された原則は、サービス受給者の「自己決定（自己の生活のあり方を自分が決める）」「選択の自由」「ノーマライゼーション（可能なかぎり普通の環境で生活すること）」「参加（サービスの計画に際して）」などであった。高齢者福祉に関していえば、コミューンが良質の住宅施設を供給しつつ、他方で在宅ケアの充実を図るべきことが規定された。老人が自己の家で通常の生活をできるだけ長く送れることが目指されたわけである。高齢者福祉の「施設から家庭へ」の動きを端的に示す法律であるといえる。

社会サービス法については、たとえば、木下康仁『福祉社会スウェーデンと老人ケア』勁草書房（一九九二年）第一〇章を参照。

ヴェスターロース（Västerås）ヴァルビー（Vallby）地区の街並み。高齢者向け住宅と一般住宅が混在している
（写真提供：汐見和恵）

てそれを自己で選ぶことができるようにし、老人はその最期に至るまで社会との接点を失わないで暮らすことが目指されたのである。

そのためコミューンは社会サービスを拡充し、住宅建設を進め、老人の余暇活動を促進した。また、一九八〇年代には住民との距離を縮めてそのニーズに素早く対応し、意見を汲み取るために福祉行政を分権化した。つまり、コミューンを四つの区域に分け、各地域にそれぞれの地域の社会サービスを統括する部局を置いたのである（前掲書、三七、三九～四〇ページ）。

しかし、それにもかかわらず市民の意思を反映させる課題はうまく果されず、一九九〇年代に入ると効率化がより重要な課題となり、地区別の部局を廃止して再び集権化して機能別組織に復帰した。そのうえで、各部局の自律性を高めて一つの成果単位とするとともに福祉供給者の複数化を進め、それら相互の競争を通じて効率化を図った。さらに、一九九二年にエーデル改革が実施され、地域での福祉と医療の統合が模索されることとなった（前掲書、三八ページ）。

彼らがモタ―ラの老人ホームやホームヘルパーのグループを訪問し、老人施設と在宅でのケアの状況を観察したのは、エーデル改革直後のこのような状況のなかであった。また、彼らは同時に、年金生活者、コミューンの老人福祉管理職（**chefer**）、ケアマネージャー（**hemtjänstassistenterna**）、介護士（**vårdbiträderna**）という高齢者福祉を担うさまざまな主体の各グループ三人ずつを、それぞれ一人約二時間かけてインタビューおよびアンケート調査を行った。それゆえ、この調査は、一九八〇年代に定められた目標が、これまでにどれだけ実現されたのかを評価するという側面をもっていた。そのうえで、現状での問題点を明確にし、今後の課題を指し示すことが意図された（前掲書、九ページ）。

彼らが見るところ、現状はとても肯定的に評価できるものではなかった。たしかに、社会サービスは拡充されていたが、ノーマライゼーションの目標達成には不十分であった。また、在宅の社会サービスに重点が置かれたために諸施設への投資は滞り、老人ホームやグループホームは不足し、自己決定といっても選択しうる居住環境やサービスの範囲はかぎられていた。さらにそのため、安全よりも自己実現を重視するといった価値観の変化や老いのプロセスを通じて生ずるさまざまなニーズやその変化に柔軟に対応できず、施設入居やサービスを受けるために行列ができることも珍しくなった。デイセンターや地域センター（områdscenter）が設立されて老人同士や地域住民が交流する設備が整えられたが、利用する者はごくかぎられていた（前掲書、四七～四八、五一ページ）。

概して地域の高齢者福祉は、高度成長終焉後の経済の停滞、人口の高齢化、価値観の変化に場当たり的に対応してきたのであった。何より、コミューンの関心は資源の不足に集中し、老人のニーズはどこにあるのか、高齢者福祉はどうあるべきか、という基本となるべき問題についてはほとんど検討してこなかった。それに対して著者たちは、調査を通じて、経済的停滞、人口の年齢構造の変化、価値観の変化といった状況のなかで高齢者福祉に対するヴィジョンを根本的に刷新する必要を感じたわけである（前掲書、二〇～二四、五八～五九ページ）。

他方、福祉の現場では自然発生的に新たな試みがなされていた。老人ホームでは、スタッフの負担がますます増大するなかで家具を老人が自分たちでリフォームすること、パン焼きなどの仕事を老人たちにまかせること、インフォーマルな形でエーデル改革後もランスティングの担当領域に残った医療との連携を模索することなどの取り組みが見られた。また、在宅介護サービスの領域では、短い時間にヘルパーが集まって情報を交換し議論する機会が設けられていたし、介護に補助機器や分業を導入して効率化が図られていた（前掲書、五四ページ）。

とはいえ、従来の社会福祉の諸制度は、老いの条件やニーズは誰についてもほとんど同様であることを前提として、国家の方針のもとに、国家やコミューンが担い手となって整備されてきた中央集権の伝統をもっている。社会福祉の官僚制組織のもとでは、改善に取り組む現場スタッフの地位は低く、それゆえ現場でのイニシャティヴは発揮されにくく、改善の試みは個人やグループによる個別問題への対応の次元にとどまっており、システム全体の刷新を検討するには至っていない。また、非効率的となって必要ではなくなった制度やサービスも廃止されずに存続している。そこで著者たちは、コミューンの高齢者福祉に蓄積された知識を発展させる可能性を拡大することなど、本文（六四ページ）にあるような五つの提案をして調査を締めくくった（前掲書、五七～五八、六〇ページ)。

本書(五ページの文献g)は、序文(五九ページ)に見るように、以上のような地域での調査に基づきつつ、より一般的な次元で今日のスウェーデンにおける高齢者福祉が直面している問題を議論しようとしたものである。しかし、本書は、モターラ調査にはなかったいくつかの特徴をもっている。

第一に、一八世紀後半から現在までを対象とした長期的なタイムスパンが挙げられる。読者は、今日では世界の先端を行くともいわれるスウェーデンの高齢者福祉が、決して平坦な道のりを辿ってきたわけではなかったことを認識することができよう。

第二に、高齢者福祉の歴史的展開を、とくに人口学的な観点を重視して説明しようとしていることである。その際には、とりわけ歴史上いく度か現れた「団塊の世代(den stora generationen)」の役割が注目されている。

第三に、人口構造に加えて社会構造や価値観・イデオロギーの変化をもって、高齢者福祉の歴史的展開の動態を把握しようとしていることである。そのような観点に基づき、いまや新たな高齢者福祉のあり方への移行期なのであり、産業社会・賃労働者型生活形態に対応した「国民の家」型高齢者福祉は時代遅れとなったことが主張されている。

第四に、未来への展望および処方箋は、以上のような長期的な視点や歴史的展開の動態の構造的把握に基づいて施される。それが、議論の説得力を増していると思われる。

本書の副題は、原文通りに訳すと「人口経済学的観点から見た歴史と未来」なのであるが、過去を振り返り、現在の状況を分析したうえで未来を展望する本書の特色を強調するために「過去・現在・未来」とした。

本書の上記のような特徴はスウェーデンで高く評価され、大きな反響を呼んだ。また、社会福祉をめぐる議論でもしばしば言及されている。たとえば、以下にいくつかの文献を示した。

① Bo Ekegren, "Det åldrande Sverige", i: *Svenska Dagbladet* 1994-10-25.
② "Höj pensionensåldern till 70", i: *Dagens Nyheter* 1994-10-18.
③ Tore Nilstun, "Att vi blir så många ålder", i: *Socialmedicinsk Tidskrift* 1995:8.
④ *Sambindning* 1995:3.
⑤ "Har Du råd att bli gammal?", i: *Svensk Farmaceutisk Tidskrift* 1995:1.
⑥ *Vårdfacket* 1995:2.
⑦ "Äldreomsorg i ekonomiskt perspektiv", i: *Läkartidningen* 1995:13.
⑧ *SSR-Tidningen* 1995:11.
⑨ Käpp vid käpp vid käpp, i: *Välfärds Bullentin* 1994:5.

⑩ *Väl & Ve* 1994:10.

⑪ *Social Försäkring* 1994:11.

①の新聞記事は、社会福祉庁（Socialstyrelsen）の調査により、エーデル改革後二年を経てもコミューンとランスティングとの間では新たな協力関係や分業関係が整えられていないし、コミューンの管轄のもとに移った療養院（ナーシングホーム、sjukhem）の医療水準があまりにも低いことが判明したことを扱っている。この記事では、さらにまもなく一九四〇年代生まれの団塊の世代が年金受給年齢に達し、人口の高齢化がますます進む一方で資源が不足しており、高齢者福祉の根本的な見直しが必要となるであろうという議論を展開する脈絡で本書が言及されている。また、②の新聞記事では、財政危機のなかで年金受給年齢が引き上げられる一方で、ライフスタイルに合わせて六〇歳から受け取れる早期年金（förtidspension）が導入されるという文脈において本書が引用された。

これらの反響以外に書評でも多く取り上げられた。その多くは社会福祉の専門誌である。当然、本書に対する批判も書かれている。たとえば、次のようなものである。

一　高齢者福祉の財源をどのように調達するのか、そのあり方をどうするのかについての見直しが必要となる。著者たちは、論拠として、公共・集団的福祉から民間・個人的福祉への価値観の推移が強まっていることを挙げている。しかし、これは適切な予測なのであろうか。予測として問題なのではないだろうか。表現されているのは、むしろ著者たち自身の価値観なのではないであろうか。宣伝されているのは、未来の高齢者福祉の問題が、そして価値観が現在よりもいっそう民間・個人志向の方向へ移るという枠組みを前提として解決されるべきであるということである。個人的には、こうした価値観には熱意を示すことはできない。（③）

著者たちは、とりわけ高齢者福祉の具体的なあり様を記述し、老いについての知識をさらに発展させていくことの重要性を強調する野心をもっている。しかし、ハンディキャップを負った者や認識に障害がある老人にとって、今日あるいは未来の高齢者福祉においてどのような選択の自由があるのかはほとんど記述していない。（⑦）

とはいえ、こうした評者でも、「しかし、人口学的な分析は非常に説得的で、未来においてこのような価値観の推移が支配的となることはもっともである。それゆえ、本書は、スウェーデンの高齢者福祉に積極的に関わろうとする者すべてにとって大いに関心を沸き立たせるにちがいな

い」⑶とか、「本書は、社会サービスや保険衛生管理に携わる者のみならず、総合医療や老年医学、医学に従事する者の発展学習での良き副読本となると思われる」⑺と、評価せざるを得なかった。

2　今日の状況と本書の意義

エーデル改革とその後

それでは、今日の観点から見て、本書はいかに評価されるべきであろうか。その前に、本書刊行後のスウェーデン高齢者福祉の歩みを概観する必要がある。日本でも取り沙汰されることの多い年金改革については他の文献での紹介にまかせることとして、ここでは介護・ケアの領域にかぎって言及していくこととする。[3] 具体的には、本書でも扱われたエーデル改革とその後の展開について見てみたい。

話は少し遡るが、スウェーデンで高齢化社会化への対応が公共の場で盛んに議論されはじめたのは一九八〇年代初めのことであった。すでに日本よりも人口の高齢化は進んでいたが、その後にいっそうの進展が予想された。人口の高齢化は、老人にたいする介護・ケアのニーズを飛躍的に増大させることは確実であった。しかし、もはや石油危機を経験して一九五〇〜一九六〇年代の時期を特徴づけた高度成長は望めず、世界的に福祉国家の危機が叫ばれていた。それゆえ、それを支える財源や人的資源をいかに確保するのかは、長期的な観点から真剣に取り組むべき課題として認識されることとなった。

そこで注目されたのが、医療と福祉について組織が別々であることにともなう矛盾である。たとえば、医療はランスティングが担当して介護はコミューンが担当していたが、両者の間で責任を押しつけあう状況が見られた。病院で患者の治療が終わっても、ヘルパーがいないという理由でコミューンが受け入れを拒否する事例が多数に上ったのである。そのため、いわゆる「社会的入院」が増大した。入院者にとっても医療費を払う必要がなく、入院費のみを負担すればよかったので、他の高齢者施設で介護を受けて暮らすよりも病院にいるほうが安上がりであった。こうして公的医療負担が膨張すると同時に、老人にとっては、自分が住む施設の種類により経済的負担が異なるという不公平の問題が生じていた。

さらに、モターラの事例にも見るように、一九八〇年代にはノーマライゼーションが声高に叫ばれ、老人が自己のライフスタイルを自己決定する「選択の自由」の理念が改めて重視されるよ

---

(3) 最近では、高齢者福祉に限らずスウェーデンの社会福祉の現状を解説したすぐれた邦語文献出ている。たとえば、井上誠一『高福祉高負担国家スウェーデンの分析』中央法規（二〇〇三年）、奥村芳孝『新スウェーデンの高齢者福祉最前線』筒井書房（二〇〇〇年）などを参照。

うになっていた。この理念は、本文でも特記されているように、一九四〇年代末にイヴァール・ロー＝ヨハンソン（Ivar Lo-Johansson）が唱えたものである。つまり、老人は、自分の家に住むことも、施設で老後を過ごすことも、自由に選ぶことが可能であるべきであり、どのようなライフスタイルを選んだとしてもその生活の質は保障されねばならないというのである。しかし、それを実現するには負担の不公平があってはならないし、無駄な公的負担を減らして、諸施設の不足やホームヘルパー・看護師などの不足を解消せねばならなかった。

そこで、一九九二年に実行に移されたのが「エーデル改革」である。本文中に見る通り、これにより、ランスティングの運営のもとにあった長期医療施設がコミューンの管轄に移された。その結果、老人ホーム、グループホーム、デイケア、療養院など、高齢者施設の諸形態を「介護つき特別住宅（särskilda boendeformer）」としてコミューンが一括して管理することとなり、老人の負担の公平化が進むこととなった。とはいえ、緊急医療などの短期医療は原則としてランスティングのもとに残った。医師のほとんども、引き続きランスティングに所属することとなった。

他方では、グループホームの建設を援助することや療養院の個室化が促進されるなど、高齢者施設を質量ともに充実させることが目指された。それと同時に、医学的医療が終わり、コミューンが患者を引き取らなければ患者の諸費用はコミューンが負担することとなった。これによって、社会的入院の解消が図られたわけである。

こうして、コミューンは医療と福祉の広い領域に責任をもち、より一貫した視点から高齢者福祉に取り組めることとなった。すなわち、エーデル改革は公正を実現し、効率化を進め、選択の自由を推進するための高齢者福祉の枠組みを整えることを目指したのである。

一方、コミューンのそのような取り組みを支援するためもあって一九九一年に新しいコミューン法（kommunallagen）が成立し、どのような行政組織をもつのかについてのコミューンの裁量が拡大された。そして、「介護つき特別住宅」についての費用設定も任されるようになった。このため、介護サービスの有料化が進み、料金体系がコミューンごとに異なるという状況がもたらされた。他方、一九八〇年代から「自己決定」や「選択の自由」が叫ばれ、「福祉を効率化せよ」との声も高まる中で、「日本語版への序文」（四三ページ）で指摘されているように福祉の民営化が進んだ。従来、公的機関が福祉供給の独占的な主体であったのだが、とくに都市部では福祉の供給主体が増え、それらの間で競争も生じるようになった。

その後、エーデル改革の成果については、社会福祉庁をはじめとする公的機関によって多くの多様な調査が実施された(4)。それらにより、改革の成果として社会的入院が激減し、確かに高齢者施設の改善も見られ、福祉組織の効率化が少なくともある程度は進展したことが明らかとなった。また、改革とは必ずしもかかわりはないが、老人の健康状態も改善の傾向にあり、平均所得も向上していた。その点では、高齢化社会について幾分か楽観的な展望も可能であった。しかし、その一方でなお多くの問題が解決されないままであり、むしろ新たな問題が以下のように生じている状況も照らし出された。

第一に、「日本語版への序文」でも指摘され、本書にたいする書評にも見られるように、ランスティングとコミューンは新たな役割分担が与えられたのだが、両者の境界において問題が起きていることである。たとえば、エーデル改革で老後の生活の場が病院から施設や自宅に向かう動きが加速された。その一方では、ランスティングが管轄する病院で医療を受ける者の数や平均入院および受診期間は大きく減少した。それは、なお医療を必要としつつも施設や自宅で暮らす者の増加を意味した。リハビリを必要とする老人のケースがその好例である。また、人生の終焉を施設や自宅で迎える者が増えたわけだが、彼らのケアをどのようにするかも問題となった。こうした老人のニーズに対応するためにはランスティングとコミューンとの間の緊密な協力が不可欠なのであるが、両者の縄張り意識もあってそれがうまく進んでいなかった(5)。

第二に、人手不足がより深刻となっていた。求人難に加え、離職率も高く、一九九〇年から一九九八年までに八〇歳以上の老人は一七パーセント増加したが、医療・介護に従事する者はむしろ一五パーセント減少した。さらに、その高齢化も指摘されるようになっていた。そのため、たとえば平均労働時間は五パーセント増加したといわれるように、彼ら一人ひとりの労働負担は増えた。それゆえ、こうした状況が求人難をさらに進めるという悪循環も懸念された(6)。

第三に、スウェーデンでも一九九〇年代初めにバブルの崩壊があり、一九九〇年代前半にはマイナス成長が数年続くという事態に至った。そのため、国家も地方自治体も財政状況は悪化した。それゆえ、社会福祉も切り詰めの方向に向かわざるを得ず、各コミューンで、もっとも必要とするもののみに介護・ケアの対象を限定することが進んだ。それと並行して介護サービスの内容は、家事から身体介護に重点が移されることとなる。また、公的な介護のみではニーズをカヴァーできず、一方では妻が夫の面倒を見るといったインファーマルな介護が増加した。そのことは、公的な介護対象者の過半数が女性であることからも推測された。こうして、インフォーマルな介護はスウェーデンにおけるジェンダー秩序の問題を顕在化させることとなる。

（4）エーデル改革後の調査。社会福祉庁は、エーデル改革の実施とその結果についてフォローアップした。その最終報告書として、Socialstyrelsen, *Ädelreformen. Slutrapport*, Socialstyrelsen följer upp och utvärderar 1996:2 がある。また、社会省（Socialdepartmentet）が、一九九五年に組織した老人が社会において対どのような対応をされているかについての調査は、ケアや介護の状況について調べている。その最終報告書が、*Bemötande av äldre: trygghet, självbestämmande, värdighet; Slutbetänkande*. SOU 1997:170 である。さらに、一九九六年に、政府が社会福祉庁に老人が安全で自立的な生活を営んでいるかについての調査を命じた。この調査（Äldreuppdraget）による一連のレポートが公刊されている。

（5）*Ädelreformen.Slutrapport*, s.11-16, 59-68.

（6）Szebehely, Marta, "Äldreomsorg i förändring- knappare resurser och nya organisationsformer", I: *Välfärd, vård och omsorg*. Kommittén Välfärdsbokslut/SOU 2000:38, s.178-179.

また、福祉切り詰めや民営化による福祉供給主体の多元化が進むなかで、民間のサービスに依存する者も増えた。概して、インフォーマルな介護に向かったのは低学歴・低所得者層であり、民間のサービスに向かったのは高学歴・高所得者層であるといわれている。つまり、福祉における普遍主義の原則に裂け目が生じ、階層分化という問題が現れてきたのである。他方、コミューンにおけるサービスの有料化が進んだ。料金そのものは、他国の同様なサービスに比べて低価格であるが、これによって低所得の老人の生活が圧迫されていることも事実である。こうした状況も、福祉における階層分化の問題を深刻にしていると思われた(7)。

第四に、先に指摘したように、コミューンの管轄する高齢者施設や自宅での介護には医療の知識・能力が必要となった。しかし、ヘルパーに関しては介護に関する専門教育を受けた者は全体の四六パーセントにすぎなかったし、二三パーセントが初等教育のみしか受けていなかった。また、エーデル改革以後、現場での権限が強化され、ケアマネージャーなど現場の管理者の責任は重くなった。しかし、そのように重くなった役割を担うだけの知識や技能を養成することの立ち遅れが指摘されていた。たとえば、高等教育機関で介護・ケアに関するコースの整備は遅れていた。これらのことは、老人たちが受ける介護の質に悪影響を与える重大な要因として認識された(8)。

第五に、実際に老人たちが施設や自宅で受けるサービスの質についてはさまざまな問題が指摘された。先に述べた福祉供給の切り詰めは、重い障害がある老人といえども十分なケアが受けられない可能性を生み出した。それゆえ、それが一般的ではないにしろ、床ずれに悩む老人の存在やカテーテルの付け放しなどの事例が報告された。また、「介護つき特別住宅」でのケアでも、先に触れたようにエーデル改革後にニーズは多様化し、しかも高度となっているのにたいして、人的・物質的資源の不足やスタッフの能力の不十分さが顕著となっていた。そのうえ、とりわけ終末期の老人にたいするケアについて指摘されるように、合目的な組織や運営が欠如しているケースが多いことも明らかとなった。マニュアルもなく、場当たり的にその場にいるスタッフがケ

（7）一九九〇年代の不況を背景に、資源が不足するなかで、コミューンが増大する老人のニーズにどのように対応しているかについて、社会福祉庁により九つのコミューンを対象として実態調査がなされた。その報告書として、Socialstyrelsen, *Äldreomsorg under omprövning*. Stockholm 1966 がある。介護やケアの対象から多くの老人が排除されていることについては、Ibid., s.12, 33-34, 47-66; Socialstyrelen, *Äldreomsorg utan serviceen framgångsrik strategi?* Äldreuppdraget 1998:13 を参照。インフォーマルな介護の増大が女性の負担の増加につながっていること、福祉受給の階層化が見られることについては、Szebehely, Marta, "Omsorgsarbetets olika former-nya klasskilnader och gamla könsmönster i äldreomosrgen", I:*Sociologisk forskning*, nr.1, 1999 ; Dens., "Nya trender, gamla traditioner. Svensk äldreomsorg i europeisk perspektiv", I: Florin, Christina & Bergqvist, Christina red., *Framtiden i samtiden. Könsrelationer i förändring i Sverige och omvärlden*. Stockholm 2004 などを見よ。

（8）*Ädelreformen. Slutrapport*, s.68-71 ; *Nationell handlingsplan för äldrepolitiken*, Regeringens proposition 1997/98:113, s.40-41.

アを行っていることに見るように、いかなるニーズが存在するのかを把握し、それにどのように対応していくのかについて十分な検討ができていないのである。

在宅介護についても、旧来は決まったヘルパーから決まった時間にサービスを受けることが通例であった。そのため、定まった時間内でサービス内容を柔軟に決定することも可能であった。しかし、一九九〇年代以後、作業の効率化を求めるなかでグループによって一人の老人を担当することが普及し、時間も日によって異なるようになった。それに加えて、「日本語版への序文」に見るように、サービス内容も標準化され、あらかじめ詳細に定められていることが多くなった。このため、老人とヘルパーとの間は個人的な結び付きが弱まってその関係は「道具的」なものになり、サービス内容の「社会的」内容は貧しいものになったといわれた(9)。

第六に、改めて強く認識されたのが、こうした高齢者福祉における諸問題について、当事者である老人や家族が苦情を訴えることがなかなかできないという実情である。というのも、老人は身体機能が衰え、社会との接点がもちにくいのであり、総じて老人や家族は福祉供給者に対して弱い立場にあるからである。このことは、老人の人格の尊重という観点からも、安心して生活するという点からも、さらには老人の自己決定という原則からいっても大きな問題であり、高齢者福祉の質を改善していくにあたっても克服されるべき重大な障害であると思われた(10)。

第七に、多様な性格をもつ老人のなかでも、とりわけ弱い立場がある存在として注目されたのが移民の老人であった。彼らの多くは、スウェーデンに一九六〇年代以降にやって来て老齢を迎えた者だが、年金に関して最低拠出期間を満たしていないため、年金受給資格をもたないか十分な額の年金を受け取れなかった。また、スウェーデン語もままならないことが多く、自己の意志をうまく伝えられず、文化的にも馴染めずに地域社会のなかで孤立するケースも見受けられた。彼らは自己のもつ当然の権利も主張できず、与えられた福祉にたいして不満や苦情もうまく訴えられないのである。[11]

『高齢者政策に関する国家行動計画』

このような状況を受けて、一九九八年に議会で採択されたのが『高齢者政策に関する国家行動計画（*Nationell handlingsplan för äldrepolitik*, Regeringens proposition 1997/98:113, 1998）』（以

（9） Eliasson-Lappolainen, R.&M.Szebehely, "Omsorgskvalitet : svensk hemtjänst-hotad eller säkrad av att mö-tas", I: Eliasson ｜ Lapplainen,R.&M.Szebehely red., *Vad förgår och vad består?* Lund 1998 ; *Brister i omsorg.* SOU 1997: 51 ; *Bemötandet av äldre.* SOU 1997:170.

（10） Socialstyrelsen, *Brukarinflytande och konsumentmakt i äldreomsorgen.* Äldreuppdraget 1997:7 ; Socail-styrelsen, *Ledningens syn på brukarinflytande.* Äldreuppdraget 1998:15.

（11） Socialstyrelsen, *Äldre födda utomlands. En demografisk beskrivning.* Äldreuppdraget 1999:4 ; Socailstyrelsen, *Invandrare i vård och omsorg-en fråga om bemötande av äldre.* SOU 1997:76.

下、『国家行動計画』）である。政府は、人口の高齢化をスウェーデンの将来にかかわる重大な問題であるととらえ、長期的な視点から高齢者政策の政策方針および目標を設定する必要を認識して、この『国家行動計画』をまとめたのであった。実際、その後に社会福祉庁などがこれに基づく政策の実施状況をフォローアップしていることに見るように、今日に至るまで高齢者福祉政策の参照枠を形づくっている。

そこではまず、「国民によって選ばれた機関により民主的にコントロールされるべきこと」、「税によって連帯的に資金調達されるべきこと」、「購買力ではなくニーズに応じて供給されるべきこと」といった三つの基本方針が示された。そのうえで、今後の高齢者政策の目標として、「安心して自立を維持しながら老後の生活を送れること」、「積極的な生活を営み、社会や自己の日常生活において影響力をもちうること」、「敬意をもって遇されること」、「良質なケア・介護を受けられること」が定められた（前掲書、一ページ）。これらは、概してこれまでのスウェーデ

『高齢者政策に関する国家行動計画』

ンで築き上げられてきた社会福祉・高齢者福祉の方針・原則を確認したという意味をもつであろう。一九九〇年代に入って経済危機を経験し、EU加盟もあってグローバリゼーションが急速に進展していったのであるが、「スウェーデン的」社会福祉を断固として堅持していく姿勢が示されたのである。

次に、エーデル改革以後顕在化した諸問題に、以上のような方針や目標に則って対応していく具体的な政策方針が定められた。まず、一九九〇年代後半から経済が回復して財政状況が改善したことを背景に、高齢者福祉に投下する資源を拡充することが図られた。そのため、二〇〇〇年度までにランスティングやコミューンにたいして一六〇億クローネの補助増額や高齢者施設の増設・改築への援助が決定された（前掲書、一〜二ページ）。バブル崩壊以降、福祉の切り詰めが介護・ケアサービスの量や質に深刻な問題を生じさせていたのであるが、これによりその改善が期待された。また、介護・ケアにあたる人員の確保が急務であることが確認され、そのための方策を調査し検討していくことを決定するとともに、管理者の能力向上のための研修に対して補助を行うことも定めた（前掲書、二ページ）。新たな労動力源としては、とくに移民が注目された（前掲書、六六ページ）。

しかし、『国家行動計画』は、単にこのように高齢者福祉に投下される人的・物質的資源の量的拡充を図るだけではなく、そのあり方についていくつかの重要な方向性を示したと考えられる。

第一に、「老人は均質なステレオタイプ化された存在ではない」（前掲書、二一ページ）として、その多様なニーズの存在を強調していることである。たとえば、一口に老人といっても平均寿命が伸び、そのなかでいろいろな年齢層が形成されてきている。元気な老人もいるし、寝たきりの者もいる。それに加え、老人という存在の全体を見渡すことの重要性が重視された。老人は、働く存在でもあり得るし、余暇活動やボランティア、政治活動など地域社会においてさまざまな活動をする存在なのである。それゆえ、良き老後を送るためには、経済的安定のみではなく、文化生活、職業生活、地域での日常生活といったあらゆる生活領域での老人のニーズが配慮される必要がある。そこで、このように多様なニーズに対応するためには、国家のみ

（写真提供：スカンジナビア政府観光局）

ではなく、地方自治体、職業団体や文化団体、そのほかさまざまな自発的団体が協力していかねばならないと主張され、この『国家行動計画』は多様な福祉供給主体が尊重すべき共通の目標を定めたものと位置づけられることとなる（前掲書、五八～五九ページ）。

こうした認識は、本書が主張しているように、高齢者福祉政策が「個性と私生活性」の重視あるいは「ポスト物質主義的イデオロギー」の方向に向かっていることを示しているとも考えられる。また、老人一人ひとりの立場から「全体を見る眼」を追求した結果、高齢者福祉政策の視野が拡大したのだともとらえられる。近年、福祉国家の「ワークフェア」国家化が指摘されている。(12) 福祉受給が就業と結び付けられるなかで、老人も何らかの形で働くことが求められているのである。しかし、ここでは高齢者政策が、単に働くことのみではなく、地域社会での老人の日常生活全体を視野に納めようとしていることにも注意を向けるべきであろう。

第二に、それと関連して老人は、地域住民として、患者として、サービス受給者として、日常生活のあらゆる局面で自己の意志を表現し、それぞれの決定に影響力をもつべきであると主張されたことである。たとえば、老人は、自己の老後の過ごし方について自分で決定することのみで

(12) 福祉国家の「ワークフェア」化については、たとえば、宮本太郎「社会民主主義の転換とワークフェア改革」日本政治学会編『年報政治学』岩波書店（二〇〇一年）を参照。

はなく、地方議会や国会で議員として選ばれるべきであるし、年金受給者団体は、老人に関連する問題に関してコミューンやランスティング、国家それぞれのレベルで政策決定に関与すべきとされた（前掲書、六〇ページ）。第一の点とあわせて、高齢者政策の目標である「積極的な生活を営み、社会や自己の日常生活において影響力をもちうること」を具体的に示したものといえよう。

従来、老人の「自己決定」とは、老後の生活について施設で過ごすか自宅にとどまるかという文脈で使われることが多かったのであるが、ここでも視野の拡大により、日常生活全体のなかで老人の存在を考えようとする姿勢が前面に出てきていることがわかる。

しかし、第三に、老人すべてが社会に積極的に参加していこうという気力にあふれた者ばかりであるわけではない。現実には、自分が受ける介護やケアについて自ら不満や苦情を訴えることが難しい弱い立場にある老人が多く存在し、そのことが介護やケアの質を維持・向上させていくことにとって重大な障害となっていることは先に触れた通りである。そこで『国家行動計画』は、福祉実践に対する監督を強化する必要性を強調した。そのため、たとえば、社会福祉庁やランスティングの社会福祉局といった高齢者福祉の監督機関の権限を強化することや、それら相互の間で協力を推進していくべきであるとした。また、介護・ケアに従事する者すべては、何か問題が生じている場合にはコミューンの社会福祉委員会などの福祉担当部署に報告義務をもつことを明確にした。さらに、当人および家族が苦情・不満を訴える第三者機関の設立を提案している（前掲書、八四〜九二ページ）。これらの政策も、介護やケアの質を維持・向上するための政策であるとともに、老人の影響力強化政策の一環であると位置づけられよう。

第四に、第一の点で触れたように、福祉供給主体が国家にとどまらず複数かつ多様であるべきことが確認されたことである。先述した問題状況からいって、『国家行動計画』においては、ランスティングとコミューンの間の協力関係を構築することが至急の課題とされたことはもちろんである。たとえば、これにたいしては、ランスティングとコミューンが介護・ケアに関して共通の委員会（nämnder）をつくって協力を進めることが推奨された（前掲書、七七ページ）。

しかし、これも先述のように福祉供給主体はランスティングとコミューンばかりではないのであり、福祉供給諸主体間の協力は、介護・医療以外の領域においても老人に選択の自由を保障し、多様化したそのニーズに効率的に対応していくことから必要とされた。それゆえ、コミューンの活動は、家族や自発的諸団体と協力して行われなければならないことが強調されることとなった（前掲書、一一三ページ）。このことと関連して、高齢者福祉の質の維持・向上を目的としてさまざまな社会サービスを客観的に評価するシステムを開発する必要性が唱えられたことも注目される（前掲書、九二〜九四ページ）。福祉供給主体が多元化し、供給するサービスも多様となると、いっそうその必要性が増してくるからである。

第五に、多様化した福祉供給主体のなかでも注目されているのが家族である。『国家行動計画』は、今後、家族による介護の意義が増大することを認め、家族援助の必要性を重視している。たとえば、社会サービス法を改正し、夫婦のうち一人が施設に入居する場合、コミューンは自宅に残る者の生活を考慮して料金設定をするべきとした（前掲書、一一三ページ）。また、短期介護（korttidsvård）やデイサービス（dagsverksamhet）の拡充などにより家族負担を軽減しなければならないことが指摘された（前掲書、一一二〜一一三ページ）。さらに、年金受給者団体が運営し、老人やその家族に介護・ケアや健康・病気についての情報を提供し、さまざまなアドヴァイスを与える電話サービス（telefonjour）の普及が提案された（前掲書、一一〇〜一一一ページ）。そのほか、家族同士の情報交換を促進し、老人や家族と社会の間でコンタクトを維持・拡充する必要性が強調され、そのためにＩＴ技術を積極的に活用すべきであるとされた（前掲書、一一一ページ）。

しかし、本書の「日本語版への序文」で述べられているように、いわゆる近代家族の解体が典型的に進んでいるスウェーデンにおいて、家族にたいして今後どれだけ頼っていけるのかについては定かではない。その点に配慮しているのかどうかはたしかではないが、『国家行動計画』では援助の対象としての「家族」という概念は拡大されるべきであるとして、友人や隣人も含む「係累（anhöriga）」の語を用いている（前掲書、一一三ページ）。つまり、本文一三一ページで著者が指摘している「新しい広い家族概念」の育成がここで期待されているのかもしれない。このような新しい社会関係にどのような可能性や展望があるのかは、今後、スウェーデン社会において見守るべき事柄であると考えられる。

第六に、予防活動の重要性が強調されたことである。病気や障害は重くなる前に対処しておけば、その後に多大な資源を用いてケアする必要性が軽減される事実が注目されたのである。そのモデルはデンマークであった。そこでは、一九九六年から七五歳以上の老人にたいして家庭や施設に保健訪問をすることが法制化され、それにより緊急病院での受け入れ数が明確に減少していた。それゆえ、デンマークにならって規則的に家庭を訪問し、何か異変はないかをチェックする予防調査（uppsökande verksamhet）活動を実験的に試みることが提案された（前掲書、一一五ページ）。こうした活動を重視するようになったことには、財政危機を背景に介護・ケアの供給対象が制限されてきたことにたいする反省が込められていると考えられる。このような活動は、老人の社会への帰属意識を強めるし、家族支援にもつながるとも主張された（前掲書、一一五～一一六ページ）。また、これまで年金受給者団体やそのほかの自発的団体によって散発的に行われてきた健康増進活動などを促進し、国民的レベルで展開していくべきことなども主張された（前掲書、一一六～一一七ページ）。

第七に、実験や研究を通じて新しい介護やケアの形態を模索していく必要性が主張されたことである。本書で繰り返し指摘されたように、老人のあり様は歴史とともに変化してきた。また、それは今後ますます多様化することも予想された。それゆえ、こうして生じてくる多様なニーズにたいし、いよいよ乏しくなる資源によってできるかぎり合理的かつ効率的に対応しなければならない。しかし、それには従来の介護・ケアの形態では不十分であり、そのような対応を可能とする新しい高齢者福祉のあり方を見いだしていかねばならないと認識された。そこで、それを模索するにあたって二つの方向性が提示された。

第一の方向性は、地域での自発的な取り組みを積極的に援助し、これを促進することである（前掲書、一〇七ページ）。老人のニーズを把握するには、何より老人ともっとも身近に接している高齢者福祉の現場が戦略上重要な拠点となる。モタータラの事例にも見るように、そこでは実際にさまざまな取り組みが自然発生的に行われていた。『国家行動計画』はこのような動きを高く評価し、その促進のために一九九九年度から二〇〇一年度まで年間九〇〇〇万クローネの補助金を支給することを定めた。これに関連して、社会福祉の労働を魅力的にして若者を引きつけるためにも、労働組織を改革し、職場のヒエラルヒーを打破し、現場の自律性を拡大し、現場のイニシャティヴを促進するべきことが謳われていることも注目される（前掲書、六六ページ）。

第二の方向性は、研究と実践の緊密な協力である。『国家行動計画』は老人研究の立ち遅れを認識し、大学での老人研究の講座やコースを増設することや研究奨励金を増額することを定めた。

また、今後現実的に高齢者福祉の現場を担っていくのは管理職であり、彼らの教育・再教育の場を高等教育機関において整備していく必要性も強調された。そのうえで、この二つの動きが連携して進むべきとされた。つまり、相互の動きが緊密な協力関係をもつことにより、高齢者福祉のスタッフの能力向上やそれを通じての社会的地位の向上と実際のニーズに対応した老人研究の進展とが相乗効果を生むことが期待されたのである。また、地域でのさまざまな実験活動は、両者の協力の場となりうることも指摘された（前掲書、九七〜一〇〇ページ）。

そのほか、社会サービス法を改正し、福祉サービスにおける料金ルールを明確にする方針が定められたことも注目される。コミューンによる料金の格差を是正するとともに、サービス受給者の経済負担に歯止めをかけることが目的である。そのため、料金を支払ったあとに合理的な生活水準を満たすべき所得の留保が残るべきであることが確認された（前掲書、八〇ページ）。そして、移民の老人の問題については、年金改革によって導入される、拠出にかかわりなく受け取れる最低保障年金によって対応することが考えられた（前掲書、七二〜七三ページ）。また、先述のような老人の社会参加を促進するために提案された諸方策は、移民の老人の文化的・社会的孤立を解消する方策としての意味ももつと考えられる。

本書と今後のスウェーデンの社会福祉

この文章を執筆していて改めて感じることは、著者たちの先見性である。たとえば、今日において、すでに老人の主体性や多様性に対する配慮の乏しい「国民の家」（九二ページの**コラム7**を参照）型の高齢者福祉が時代遅れとなっていることは誰の眼にも明らかとなっているように思える。また、エーデル改革を経ても、高齢者福祉の問題点が次々と顕在化している。著者たちが指摘するように、エーデル改革は決して最終的な解決とはならなかった。むしろ、その不十分さが明確となるなかで今後に続く諸改革の出発点として位置づけられるようになってきていると考えられる。さらに、高齢者福祉政策全体の動向も、福祉供給主体を多元化して老人にとって「選択の自由」の幅を広げながら、その多様化するニーズに対応していく方向に向かっていると思われる。その際に、著者たちが主張したように、地域での自発的取り組みが重視されていることも注目される。

とりわけ、現実に一九四〇年代生まれの団塊の世代が年金受給年齢に達するようになり、ますます多くの者が福祉国家の行方を懸念するようになってきた現在の状況を見ると、本書のリアリティを切実に感じざるを得ない。たとえば、二〇〇四年の春に財務省（Finansdepartmentet）が作成した「長期予測調査」（*Långtidsutredningen* 2003/04, SOU 2004:19）は、二〇二〇年までの経済成長や人口動態、生産性の動向などを予測したうえで、これまでのような公的福祉システムを財政的に維持できるのかどうかを検討した。そして、その結論は悲観的なものであった。たとえば、これまで蓄えられてきた諸資源を利用して、教育、介護、ケアなどで今日程度の水準を維持することは可能であるかもしれない。しかし、人々の要求はより多様化し、その水準はより高度化することが予想される。増税も限界がある。経済成長も公的セクターにおける賃金コストの上昇につながってしまう。社会参加が進み、労働力供給が増えるとしても、公的福祉での人員不足はまかなえないであろう、などである。まさに現在は、著者たちのいうように、「団塊の世代」がもたらす人口学的な危機が文化的パターンの変化をともなって、高齢者福祉のあり方に否応なく変更を迫っている状況にあるといえよう。

また、近年では、著者たちが老人にとって社会とのコンタクトの重要性を指摘したように、高齢者福祉の問題は単に医療や介護の問題ではなく、資源の再分配の問題にもとどまるものではないことが強く認識されてきているように思われる。『国家行動計画』では、老人は「敬意をもって遇せられること」といった目標設定や、老人の労働市場を含む社会参加の脈絡において「老い」の概念の見直しを提起している。たとえば、六五歳になると仕事を引退して、社会から離れて過ごすといった固定観念や、それにともなう「老い」にたいするネガティヴなイメージは払拭されるべきであると主張している（前掲書、六一、六三、六四ページ）。

このことは、従来のライフサイクルのあり方を変えていくことを意味している。六五歳以上でも働けるし学べるとすれば、これまでのような学ぶこと、働くことと特定の年齢層との結び付きは見直さざるを得ない。そのことは、労働市場や教育制度、個人の消費行動などの変化をもたらし、社会や経済のあり方全体に多大な影響を及ぼしていくことが予想される。また、移民の老人が困窮していることやインフォーマルな介護が増大していることに見られるように、高齢者福祉の問題が、移民やジェンダーの問題といったさまざまな社会問題の結節点に位置していることも指摘できる。それゆえ、高齢者福祉の問題は、単に増大する高齢者にどう対処するかといった問題ではなく、社会全体のあり方を見直すうえで枢要な戦略的位置にあると考えられる。

著者たちは、老人一人ひとりのニーズから出発して、高齢者福祉について「全体を見る眼」が必要であると主張したが、今日における高齢者福祉政策の視野の拡大は、まさに著者たちの主張の延長線上にとらえられるであろう[13]。その意味でも、本書の先見性は注目されるべきであると考える。さらに、「訳者解説」の冒頭部分で述べたように、高齢者福祉の問題が、今後のスウェーデン福祉国家の行方を左右するということが改めて強く認識される次第である。

ここで留意すべきなのは、現実と理念のギャップであろう。スウェーデンは、『国家行動計画』に見るように、これまでに築き上げられてきた普遍主義的社会福祉の伝統を堅持しつつ、新たな状況に対処しようとしている。とはいえ、決して事態は楽観できない。『国家行動計画』後の状況についての政府の調査報告書を見ても、依然として明るい展望は開けていない。高齢者福祉における人的・物質的資源の不足は深刻であるし、ランスティングとコミューンの協力など組織的な改善も遅れているのである。(14)

そのようなかで問題となるのは、やはり弱者の存在であると思われる。たとえば、福祉受給と労働が結び付けられる「ワークフェア」化が進めば、心身に障害をもつため働けなかった老人の地位は相対的にますます弱まることが予想される。公的福祉の供給対象が狭まると同時に料金

（13）議会は、一九九八年に高齢者政策の諸前提を調査するための委員会（SENIOR 2005）を任命した。その最終報告書として、*Äldrepolitik för framtiden.100 steg till trygghet och utveckling med en åldrande befolkning.* SOU 2003:91 がある。そこでは、高齢者政策の価値基盤そのものから問題にされ、社会における老人の役割と老人にとっての社会の役割双方から高齢者政策のあり方が検討されている。たとえば、老人存在を資源でもあり、社会にニーズを発する積極的な主体として見直すことを主張し、労働、余暇、社会活動などの日常生活の諸局面で従来の年齢と結び付いていたライフスタイルの見直しを提唱している。この報告書も、今後の高齢者政策の行方にとって大きな意味をもつものと考えられるが、内容の詳細については別の機会に紹介したい。

（14）前掲の政府任命による老人調査（Äldreuppdraget）が一九九七年から二〇〇〇年までの動向をフォローしている。その最終報告書として、Socialstyrelsen, *Äldreuppdraget.Slutrapport.* Socailstyrelsen följer upp och utvärderar 2000:4 がある。『国家行動計画』がその後二〇〇二年までにどれだけ実現されたのかを評価したものとして、*Uppföljning av den Nationella handlingsplanen.* Regeringens skrivelse 2002/03:30；Socailstyrelsen, *Nationell handlingsplan för äldrepolitiken. Slutrapport.* 2002 などがある。

化も進むことによって公的福祉から排除され、金がないので民間の福祉供給主体にも頼れないような者にとって「選択の自由」のスローガンは意味をもつのであろうか。

著者たちのいう「自分の年金で自分のケアはまかなう」という方向性への転換は、決して弱者切捨てを伴ってはならないと考える。乏しい資源のもとで、「選択の自由」あるいは自己決定の原則と普遍主義的な社会福祉の維持を両立させるというのが、現在のスウェーデンに突きつけられている大きな課題であるといえる。

ところで、日本でも、高齢化社会化への対応をめぐって盛んに議論が繰り広げられている。問題は山積されているが、政府の政策案も単なる弥縫策《びほうさく》にしか見えない。このような、混迷した状況から一刻も早く抜け出るためにはいったいどのようにすればいいのであろうか。

『国家行動計画』に見るように、スウェーデンは、事態の展開に場当たり的に対応するのではなく、まさに長期的な観点から基本的な方針を立てて問題に取り組もうとしている。かぎりある資源を有効に活用するためには、このようなスウェーデンの取り組みの姿勢は重要であり、日本が見習うべきことは多いと思われる。一方、二〇〇年以上の時期を対象として高齢者福祉の歴史的展開を扱う本書は、世界に冠たるスウェーデンの社会福祉が決して一朝一夕にして成立したわけではなく、歴史上さまざまな問題に対応しつつ成立してきたこと、現在でも新たな問題に直面していることを知らしめてくれる。高齢化社会化について考える際に何を視野に収め、どのようなタイムスパンで対処せねばならないのかについて、同様の課題に悩むスウェーデンの事例は有益であろう。日本がスウェーデンの経験を学ぶうえで、本書がその手がかりとなってくれることを願ってやまない。

翻訳には、訳者が専門家ではないこともあって思わぬ間違いがあることも予想される。その点については、忌憚なくご指摘いただければ幸いである。この翻訳は、立教大学の木下康仁教授を代表とする平成一三～一六年度科学研究費補助金「人口の高齢化と地域社会―日本とスウェーデンの比較研究」（課題番号一三四一〇〇六三）による研究成果の一部である。木下教授には、本書の刊行について新評論を紹介していただいた。また、スカンジナビア政府観光局、汐見和恵氏（東京文化短期大学）、松岡洋子氏（松岡事務所）より貴重な写真を提供していただいた。これらの方々に謝意を表したい。最後に、出版事情の苦しいなか、快く本書の刊行をお引き受け下さり、そのうえ多大な配慮を賜った新評論代表取締役武市一幸氏に心より御礼を申し上げる。

二〇〇五年　二月一七日　本郷の研究室にて

石原　俊時

日本語版への序文

人口動向

本書の初版が刊行されて以来、一九九〇年代には高齢者人口に何ら大きな変化は起こらなかった。しかし、非常に年を取った、つまり八〇歳以上の者の割合は減りつつあり、二〇〇五年から二〇一五年の間に年金生活者となる一九四〇年代生まれの団塊の世代が八〇歳に近づくまでこの傾向は続くことになる。スウェーデンのこうした人口動向は、ここ一〇年あるいは一五年の間は高齢者福祉や医療への需要の圧力が減り、その後は恒常的に強まることを意味している。

一九九〇年代前半に、高齢者福祉の分野で一つの改革、いわゆる「エーデル改革」が実行された。それは、病院での長期療養ケアのための約四万床および五万五〇〇〇人の従業者がランスティングからコミューンに移されたことを意味する。この結果、コミューンが在宅サービスと老人介護のすべての責任を負うこととなり、その一方でランスティングが医療を担当することとなった。それ以来、医療と老人介護の境界をめぐって闘争や争いが続いている。

家庭訪問などの形で、コミューンの担当する老人にたいして十分な受診時間を割く義務をランスティングがもつことを定める法案が出ている。その法案では、もしも医療の責任主体であるランスティングがその使命を実行しなければ、コミューンは医者の診察をほかから調達して、その請求書をランスティングに送りつけることとなる。

財政的裏づけと供給

とはいえ、公的セクターが未来において拡大する高齢者福祉を財政的に支え、供給する能力が疑問視されている。その一つの理由は、政治システムが増税によって高齢者福祉のための資源を増加させる可能性を見いだせず、そのほかの選択肢を試みねばならないことである。それゆえ、一九九〇年代には高齢者福祉を効率化して安上がりにする方法が模索された。それを明確に表すのが、老人が家に残り、家庭の環境のなかで福祉を行おうとする傾向である。

もう一つは、より大規模に私的企業家が高齢者福祉を実施しうるようになったことである。競争が激化すれば、福祉がより効率的かつ安上がりとなり、さらには個人にとっての選択の自由の幅が広がるという効果があると想定されている。福祉供給を市場によってコントロールするという新しい様相の一つの帰結は、買い手（公共）と供給者（民間および公共）が、福祉の供給について交渉や品質管理を容易にするために明確な形で契約しなければならないように促されるため、高齢者福祉の供給が標準化される傾向になるということである。

こうした標準化によって、福祉受給者とスタッフとの間の人間的な触れ合いや確固とした関係が、崩れることなくどこまで効率化を進められるのかが懸念される。というのも、そうした関係や人間的な触れ合いは標準化することが困難であるからだ。

未来

二〇一五年ないし二〇二〇年以後、スウェーデンにおける高齢者福祉にとって問題となるであろう老人の数の急増は、すでに今日でも〔高齢者福祉の〕展開に影響を及ぼしている。議論されていることの一つは、ニーズ審査を伴う公的な高齢者給付（四六ページの**コラム2**を参照）を通じて財源を確保し、福祉の供給はさまざまな企業家（供給者）によってなされるという方向性である。個人にとっての選択の自由は、供給されるものの選択ということに関しては大きくなるが、公的な高齢者給付による財源確保は、個人が利用しうる公的便宜の幅を狭めることになる。

そうしたシステムにおいては、働いていた時期における年金拠出も、個人の実際の選択の自由にとって決定的となる。福祉供給の標準化と質の管理が、そうしたシステムでは意味を増大させるであろう。

COLUMN 2

高齢者給付（äldrepeng）

本文にあるように、自分の生活のあり方を自分で決定しうるという原則に基づき、それぞれの老人が介護サービスや老人ホームなど居住施設などについて、さまざまな選択肢から選べるようにすることを目指した制度である。給付の大きさは、老人のニーズ審査に基づく。たとえば、シグチューナ（Sigtuna）コミューンでは現金ではなくクーポン（check）が支給され、老人は受けたサービスにたいしてクーポンで支払うことも現金で支払うことも可能である。

こうした制度により、老人の自己決定の領域を拡大するのみならず、公的な財政負担を抑制しうる。さらに、福祉供給者間の競争が促されることによって、サービスの質の向上も期待しうる。それゆえこの制度は、人口の高齢化の進展に対応する有望なシステムの一つとして、いくつかのコミューンに実験的に導入されてきている。しかし、「日本語版への序文」にあるように、老人間の経済力の差が選択の自由の範囲における格差を生むことが予想され、また、ニーズ審査およびそれを通じた公的支出の切り詰めは、全体的に見て福祉サービスの供給の幅を狭める恐れがある。さらに、十分に選択肢が存在するように福祉供給が確保されなければ機能しないために、かえって公的負担を増やす可能性も指摘されている。

シグチューナの高齢者給付については次のサイトを参照。

http://www.sigtuna.se/main/view.asp?ID=1295

さまざまな福祉主体、とりわけコミューンとランスティングがいっそうの協力に努めることが必要となるであろう。資源が少なくなるときには全体を見ること、つまり資源配分をいかに調整しうるかに配慮することが必要となる。そのことは、政治家が公的手段によって財源を支えるものについてよりいっそう厳しく優先順位を定めなければならないことを意味する。

高齢者福祉で働く人員の供給は、未来にとってのもう一つの大きな問題である。人口が高齢化することはまた、より多くの者が高齢者福祉で働く必要性が出てくることを意味し、二〇～三〇年後にはその必要性は劇的に増大することとなる。今日、低賃金の職業である高齢者福祉で働くことに特別な魅力はないとされているが、職業のステータスを向上させるために教育に投資していくことの議論がスタートしている。そして、それによって、失業中の移民のみならずより多くの男性もリクルートできるようになると算段されている。

家族も、未来の高齢者福祉においては中心的な役割を担うであろう。すでに今日、高齢者福祉が家族の寄与を当てにしている傾向が見られる。未来に予想される人員不足を考えると、家族の役割は減少するよりもむしろより重要となる。このことが、数多くの独り暮らしの者や親族との絆が弱い者を抱えるこの社会にとってどのような帰結をもたらすのかは、容易に想像がつく。

著者たち

二〇〇四年六月　マルメおよびストックホルムにて

もくじ

第3章 未来

まえがき

本書においては、一八世紀半ばから今日に至るまでの高齢者福祉の発展が調べられ、記述されている。さらに、将来にたいする挑戦について議論されている。分析は、人口経済学的な観点からなされ、「人口経済学協会（Befolkningsekonomiska Stiftelsen）」において、ペール・ブルーメーとピルッコ・ヨンソンによって実施された。

この研究および同時に出版されたスウェーデンのコミューンであるモタ―ラの高齢者福祉についての詳細な研究は、「スヴェン&ダグマール・サレーン協会（Sven och Dagmar Saléns Stiftelse）」と「スウェーデン・コミューン連盟（Svenska Kommunförbundet）」からの資金提供を受けたＳＮＳ(1)のプロジェクト「人口構造における変化の社会的帰結」の一部である。いつものように、ＳＮＳのレポートに関しては著者が内容についての一切の責任を負う。

一九九四年六月　ストックホルムにて

イェーラン・アーヴィッドソン（Göran Arvidsson）
研究主任（Forskiningsledare），SNS

（1）（Studieförbundet Näringsliv och Samhälle）英語名を、Center for Buisiness and Policy Studies という。非社会民主党系の言論活動組織。一九八〇年代から九〇年代にかけて、それまでのスウェーデン福祉国家にたいする批判的見直しの議論を強力に展開したことで知られる。

凡例

（1）本書は、Per Broomé&Pirkko Jonsson, *Äldreomsorgen i Sverige. Historia och framtid i ett befolkning-sekonomiskt perspektiv*, Stockholm, SNS förlag, 1994の全訳である。

（2）**äldreomsorg**の語については、年金を含む広い意味をもつときには「高齢者福祉」、コミューンが担う諸業務を指すときには「ケア・介護」と訳し、どちらともいえないときには「高齢者福祉」と訳した。

（3）原文では一つの文であるが、日本語としてわかりやすくするため、二つの文に分けて訳したケースがいくつか存在する。

（4）原文にはないが、文脈を明確にするため、語句を補って訳した所が数箇所ある。その場合、補った部分を〔 〕に入れて示してある。

（5）原著には、写真はまったく使用されていないが、読者がイメージをつかみやすくするため、**Ivar Lo-Johansson**, ***Ålderdom***, Stockholm, 1949などの写真から適宜選び挿入した。このイヴァール・ロー＝ヨハンソンの書物からの写真についての説明文は、ロー＝ヨハンソンが加えた説明文をそのまま訳したものである。それを表すために、文を「 」で囲んだ。

（6）本書では、翻訳に際して読者の理解にとって有用と思われる場合、用語・概念などについて訳注を加えるとともに、関連事項の説明をコラムとして挿入した。

（7）日本語版の序文は、本書のために新たに著者が書き下ろしたものである。

スウェーデンにおける高齢者福祉

——過去・現在・未来——

著者序文

この書物のテーマは、高齢者福祉の歴史および未来に向けての展望である。歴史的パターンを描いていくための出発点として、人口動態を取り上げた。われわれは、人口の年齢構造の変化が高齢者福祉にたいして財政的裏づけを求めることに関しても、また福祉サービスの具体的な形態に関しても、いかに影響を与えてきたかを示すこととなる。ある状況のもとで老人の数が急激に増加することがどのように高齢者福祉の不足につながり、そうした不足が高齢者福祉の新しい解決を生み出さざるを得なかったかについて議論する。

われわれは、未来において、老人人口、とりわけ八〇歳以上の部分が引き続き拡大することが予想できるので、高齢者福祉の未来について議論をする必要がある。本書では、高齢者福祉に関するいくつかの重要な将来的要因を指摘するが、これらは高齢者福祉の発展の歴史的経験とあわせて、今日のスウェーデンにおける高齢者福祉を財政的に支えるやり方や実践のあり方を変更するいくつかの最終的な提案をするための裏づけをなすことになる。

われわれは、マリエ＝ルイーズ・サンデーン（Marie-Louise Sandén）氏に未来へのパースペクティヴに関する助言を、ロルフ・ウールソン（Rolf Ohlsson）氏にはミクロとマクロのパースペクティヴを区別するのに手助けをいただいたことにたいして感謝する。また、ベルント・ルンドグレン（Bernt Lundgren）氏とペール＝グンナル・エーデバルク（Per-Gunnar Edebalk）氏には価値ある批判をいただいたこと、ヤーン・ヌール（Jaan Noor）氏には、今日の福祉はどのように展開しているのかについてたくさんの議論に付き合ってくれたことにたいして感謝する。しかし、これらのただ一人として、この書物の内容や高齢者福祉の変化にたいするわれわれの最終的な見方について責任をもつものではない。

一九九四年六月　　ストックホルムにて

ペール・ブルーメー、ピルッコ・ヨンソン

第1章

背景と内容

19世紀後半に建てられたマチルダ・ガーデン（Mathilda gården）の療養院（写真提供：汐見和恵）

高齢者福祉は、老人に向けたすべての公共支出をまとめた総額として見れば、スウェーデン経済において中核的な位置を占めている。とりわけ、年金システムを通じての老人への移転は、公共セクターの総予算においてもっとも比重が重い。老人は、ランスティングの医療コストの半分強を占めている。(原註1)

この研究で示すように、未来においても老人によって公共セクターにかかる負担は減少しない。たとえば、すでに今日でも経済が逼迫しているのにわれわれはどのようにして老後を暮らしていけばいいのか、われわれが老いたときには誰が面倒を見てくれるのか、コミューンは高齢者福祉を担っていけるのか、などのように。

問題点は数多くあり、その答えは決して単純ではない。以下の人口経済学的分析において、われわれは今日の高齢者福祉の特質がどのように現れてきたのかを明らかにするために高齢者福祉の歴史的発展にまず目を向ける。そのあとで、人口経済学的分析の助けを借りて未来の高齢者福祉についていくつかの問題を立て、それにいくばくかの回答を与えることに視点を移すこととする。

以前に発表したミクロレベルを扱った研究「高齢者福祉の現場を訪ねて (**Besök i äldreomsorgen**)」では、モターラの高齢者福祉が扱われた。モターラ研究の焦点は、一九四五年以降の時期において高齢者福祉の現実の担い手としてのコミューンであった。研究は、一九九〇年代初めのモターラの高齢者福祉の現状評価に至った。その全体は、以下のように要約される[原註2]。

モターラにおける高齢者福祉は、一九四五年以降、非常に強力に推進されて整備された。それは、恐らくほかのコミューンの高齢者福祉の発展にも同様の性格を与えた「福祉国家スウェーデンのゼネラルプラン（generalplan för välfärdsstaten Sverige）[1]」に従ったものと考えられる。すると、現状に関する結論は、このプランがもはや機能しないということとなる。高齢者福祉は、多大な財政的援助を与えられ公共によって提供される老人にたいする諸特典にもかかわらず停滞の様相を示している。もはや、経済的余裕はない。それにもまして高齢者福祉は、福祉の消費者が求め、それに携わる人々が推奨する福祉における選択の自由の要求を満足させていないと批判されている。

この研究では、高齢者福祉が根底から変化することにたいする一連の障害に注目した。とりわけ、イデオロギー的障害や官僚制化が組織における創造性の発揮や学習を妨げていることや、公共の諸活動のセクト化の進展も高齢者福祉における構造の合理化や転換の妨げとなっていることに焦点をあてた。

（1）ここでは、特定の政府の政策方針ではなく、中央政府が定めた法令・政策などや補助金の給付が地域での高齢者福祉の実践を規定してきたことを意味している。後論でもわかるように、著者たちは、高齢者福祉を現場で担っている人々の主体性を発揮する余地がそれらによって制限されてきたことを問題視している。

モターラについてのレポートにおいて、高齢者福祉に関する以下の五つのような発展のための方策を提起した。

❶コミューンの高齢者福祉に蓄積された知識を発展させる可能性を拡大すること。
❷地域レベルでの地域のアクター自身によるオリジナルな解決のために、より大きな余地を与えること。
❸老人のための医療と福祉の統合を進めること。
❹高齢者福祉における個性と私生活性を強調すること。
❺老いや高齢者福祉に対する長期的な観点から出発すること。

モターラの高齢者福祉には、公的・集団主義的な価値から私的・個人主義的な価値へ向かう動きが存在している。こうした価値観の推移はまた、上記のような発展諸方策を推奨する根拠ともなっている。価値観の推移の帰結は、政策や実際の活動において多様でありうる。何よりも価値観の推移は、スウェーデンの福祉政策をめぐる従来の議論の対立軸に決定的な影響を及ぼしている。すなわち、財政的に支えるのは公共か民間か、社会サービスを供給するのは公共か民間か、そして普遍的社会政策か選択的社会政策かといった対立である。

高齢者福祉は、今日、一部は老人の年金によってまかなわれているが、実際には主要なものは公的な資金に支えられて供給されている。つまり、公的なサービスを受けている老人にたいして、格安のあるいはほとんど無料の特典として与えられているのである。スウェーデンの政治的レトリックにおいては、さらに福祉国家は普遍的なもの、つまり普遍的福祉政策はあらゆる市民を対象とすべきものであるとイメージされている。しかしそこには、しばしば低所得者のみが自己のニーズにたいして補助を受けることができるという意味で選別的な要素が存在している。そうした選別的要素としては、多くのコミューンで所得によって課せられているホームヘルプ・サービスのための税が挙げられる。もう一つの例は、住宅コストと所得に従って計算されるコミューンの住宅付加給付（bostadstillägg）である。（原註3）

モターラの研究では、これ以上観察を一般化して、その結果を説明することはできなかった。それゆえ、この書物で意図するところは、スウェーデン全体の高齢者福祉に妥当するように視野を拡大することである。ここでは、供給、すなわち具体的な福祉のあり方のみではなく、福祉をどのように財政的に支えるかも扱われる。また、それのみならず、研究は一八世紀初めから二〇二五年の未来まで時間的対象を拡大する。

以下の研究では、一七五〇年から一九九〇年までの高齢者福祉の発展の歴史的パターンが調べられて叙述される。われわれはそこにおいて、人口における年齢構造、福祉の諸制度の財政的な支え方、老人の文化、高齢者福祉に対するイデオロギー的観点など、福祉の展開に意味をもつ諸要因に焦点をあてた。たとえば、以下に挙げる四つの要因が、歴史上それぞれの時点でさまざまに福祉に影響を与えてきたことを示そうと試みた。

❶老人の人口に占める割合が、福祉の形態や経済状況をいかに左右してきたか。

❷家族概念の変化が、老いをめぐる諸制度にどれだけ影響を及ぼしてきたか。

❸老いに関する理念が、現実の福祉にどれほど影響を与えてきた。

❹福祉における諸欠陥が、いかに福祉の発展を規定してきたか。

われわれは未来も扱う。われわれの出発点は、二〇〇五年までの時期と二〇二五年までの時期における人口やその年齢構造の変化である。ここでは、人口動態が財政や資源の観点から福祉にどのように影響するかを議論する。未来にたいする視野は、たとえば生産関係や雇用、移民における変化のように、福祉政策や高齢者福祉に影響するほかの要因にも及ぶ。われわれはまた、現在進行している価値観の推移や家族概念の展開、国家やコミューンにおける制度の変化の諸帰結についても取り上げる。

老いに関する人口経済学的観点は、(過去に関する)説明モデルにも、未来にたいする処方箋のためのモデルにも使われる。われわれは、そのようにしてスウェーデンにおける老人にたいする福祉に長期的な視野を定置しようとするものである。

最後に、高齢者福祉の諸変化にたいしてより個人的で主観的な考えを述べることとする。研究は、その大部分を、モタ―ラのコミューンによる高齢者福祉に関する調査で得た印象や観察、そして議論に基づいている。われわれは、こうした材料を一連のほかの研究の成果と重ね合わせた。それは、ごく一部しか対象としていないので、そこから詳細な情報を得ることが可能だが、それはあくまでも限定された情報に過ぎない。それゆえ、それに基づいて一般的な結論を引き出そうとすると結論に歪みが生ずるが、このような手続きを踏むことで少しでもそうした歪みを克服しようとした。

第2章 歴　史

「…社会が繁栄する陰では、老人ホームに収容されることを嫌って、サボタージュする者（sabotôrerna）がひっそりと暮らしている。この76歳の老人は、31年間もの間古いボートに暮らしている。背後には、ダーンヴィークン（Danviken）の老人ホームが見えているのに」

（Ivar Lo-Johansson, *Ålderdom*, Stockholm 1949, s.51.）

◆人口経済学的に見た高齢者福祉

人口動態と高齢者福祉の間には強い相関が存在する。ある時点での老人の数や人口における老人の割合が時につれて変化することによって、高齢者福祉が影響を受けるということはいうまでもない。また、世代間の違いも、とくにそれぞれの世代の大きさや価値観が異なることによって高齢者福祉に影響を及ぼす。

老人の数は、とりわけどれだけ多くの老人が福祉を必要とするかを決め、それによって高齢者福祉に費やされる社会的資源の総額を規定する。一九九〇年では、九〇歳以上の老人のおよそ八七パーセントが社会から何らかの介護を受けることを必要とするのにたいして、六五歳から七四歳までの年齢グループ（åldersgrupp）は七パーセントしかそうした介護を受けていないと見積もられている。ケアや介護の消費は、このように年齢に大きく左右されることになる。（原註4）

また、その社会の経済にとって重要なのは人口における老人の割合である。というのも、それは、社会における所得の分配や高齢者福祉をどのように財政的に支えていくかに意味をもつからである。それゆえ、人口の年齢構造の動向に特別な注意を向けることには理由がある。長期的な死亡率の減少や、何より長期的な出生率の低下は、急速に人口の年齢構造を変化させる。そのような変化は、現在の工業国であるすべての国で起こった。

スウェーデンでは、そうした変化は一八〇〇年から一九三〇年ごろにかけてあった。このような変化は、二一世紀には入ってもしばらくは続くであろう。このいわゆる人口学的転換は、最終的には人口における老人の割合が急増し、若者の割合が減少することに帰着する。一六歳から六四歳までの就業可能年齢の割合は、このプロセスの始めと終わりでほぼ同様である。工業化期における年齢構造の転換がもたらす高齢者福祉の重要な帰結は、働いている世代の老人を扶養する負担が急激に増加するということである。

人口に占める老人の割合が大きいということは、その社会の所得や資源の大きな部分が老人に向けて再分配されることを意味する。これを財政的に支えることやそのあり方は、その社会の経済にとって非常に重要となる。スウェーデンにおいては、このような資源の移転は、主に国家、ランスティング、コミューンの公共の予算を通じて行われる。そうした移転とは、たとえば医療および高齢者福祉などの実施や、年金および住宅扶助のような所得移転を意味する。

表2−1でもわかるように、一九九〇年の公共支出は年齢によって不均等に配分されている。〇歳から一九歳までの年齢グループには一人当たり六万八八〇〇クローネ、二〇歳から六四歳までの年齢グループには一人当たり四万三六〇〇クローネ、六五歳以上では一人当たり一四万五七〇〇クローネという具合である。

表2－1　1990年における公共支出の年齢グループ別配分状況

（単位：10億クローネ）

	年齢グループ		
	0～19歳	20～64歳	65～　歳
消費支出割合（%）	127 38%	117 34%	93 28%
移転支出割合（%）	16 7%	98 40%	129 53%
計	143	215	222
1人当たりの公共支出（単位：クローネ）	68,800	43,600	145,700
公共支出全体に占める割合	25%	37%	38%
人口に占める当該年齢グループの割合	24%	58%	18%

（出典）Agnetta Kruse と Rolf Ohlsson の論文 “Den demografiska bakgrunden till de ekonomiska trygghetssystemen-en befolkningsekonomisk betraktelse”（未公刊）における計算。

六五歳以上の支出を分けてみると、支出の年齢による差異がもっとはっきりする。六五歳から七九歳までの年齢グループでは、支出は一人当たり一三万クローネと見積もられるが、八〇歳以上となると一人当たり二五万六〇〇〇クローネとなる。さらに、表からわかるように、人口に占める老人の割合は一八パーセントであるが、公共資源の全消費の三八パーセントを占めている。一方、〇歳から一九歳までの若者は人口の二四パーセントであるが、公的支出の二五パーセントでしかなく、老人の扶養負担は若者が公共支出で消費するものに比して額でも割合でも大きいのである。

ほかの年齢グループに比べて老人層が大きいことは、とくに高齢者福祉に消費する諸資源がごく一部のみ自分の年齢グループで調達されるという理由から見ても重要である。また、自分たちより前の世代や後の世代の大きさは、自分たちの高齢者福祉にたいしてどれだけの資源が存在するかに影響を与える。それゆえ、ある年齢グループの高齢者福祉にたいする要求および期待と、実際の状況がそうした期待を満足させる可能性の間には緊張関係が生じうる。

年齢グループの相対的な大きさ、すなわちある年齢グループの人数とほかの年齢グループの人数の違いは、ある者が生涯にわたって社会で経験する密度や活動の余地に大きな意味をもつ。密度は、今日の用語でいえば、まず産院、それから家庭、保育園、職場、住宅などで経験される。そして、最後は高齢者福祉である。社会におけるこれらの場は、年齢グループの大きさの変化に適応し、またそれを利用して発展する。もし、小さな年齢グループに非常に大きな年齢グループが続くとしたら、産院のケアの場をスタートとして、保育園における育児の場、学校における教育の場というように次々と不足が生じることになる。

おそらく大きな年齢グループは、たとえ彼らが社会の諸資源を思いのままにできたとしても、ゆりかごから墓場まで、つまりそのライフサイクル全般にわたってケアの場の不足を経験しなければならない。大きな年齢グループにとってはすべての人生の場が手狭となり、それは、われわれがここで議論している高齢者福祉においても当然のごとく当てはまる。

このような密度は、年齢グループ内部の競争を激化することにも、また自己の年齢グループにたいする帰属意識を強化することにもつながりうる。こうして規定された共通の生活条件や可能性は、この年齢グループに独特で明確なアイデンティティを与える。また、このようなアイデンティティは、この世代が年少のときか老いたときにもっとも際立つことになるであろう。なぜなら、ほかの世代への依存や、それにともなうほかの世代との緊張関係はこの世代が年少のときと老いたときに最大となるからである。そのときには、ほかの世代にたいする要求はより明確なものとなり、世代の特質が強まることになる。

スウェーデンにおいては、歴史上幾度か出生率の急激な増加があり、そのたびに年齢グループの帰属によって期待や可能性に激しい格差が生じた。年齢グループへの帰属はまた、そのときには世代を形成する力となり、世代交代を生み出した。一つの世代（generation）とは、自分たちが本質的には同様の状況のなかで成長し、将来における可能性についての理解も共有するという共通の特質をもつ、一つあるいは複数の年齢グループである。一つの世代はまた、もしそれに続く年齢グループが成長する諸前提が大きく変化するならばごく短期間しか存続しないかもしれないし、わずかな年齢グループしか含まないかもしれない。一つの世代は、成長する環境や価値観が長期にわたって安定しているならば、長い間にわたって、存続したり多くの年齢グループを包摂したりすることもありうる。

図2－1　1730年から1990年までの出生率・死亡率の5年毎の平均値

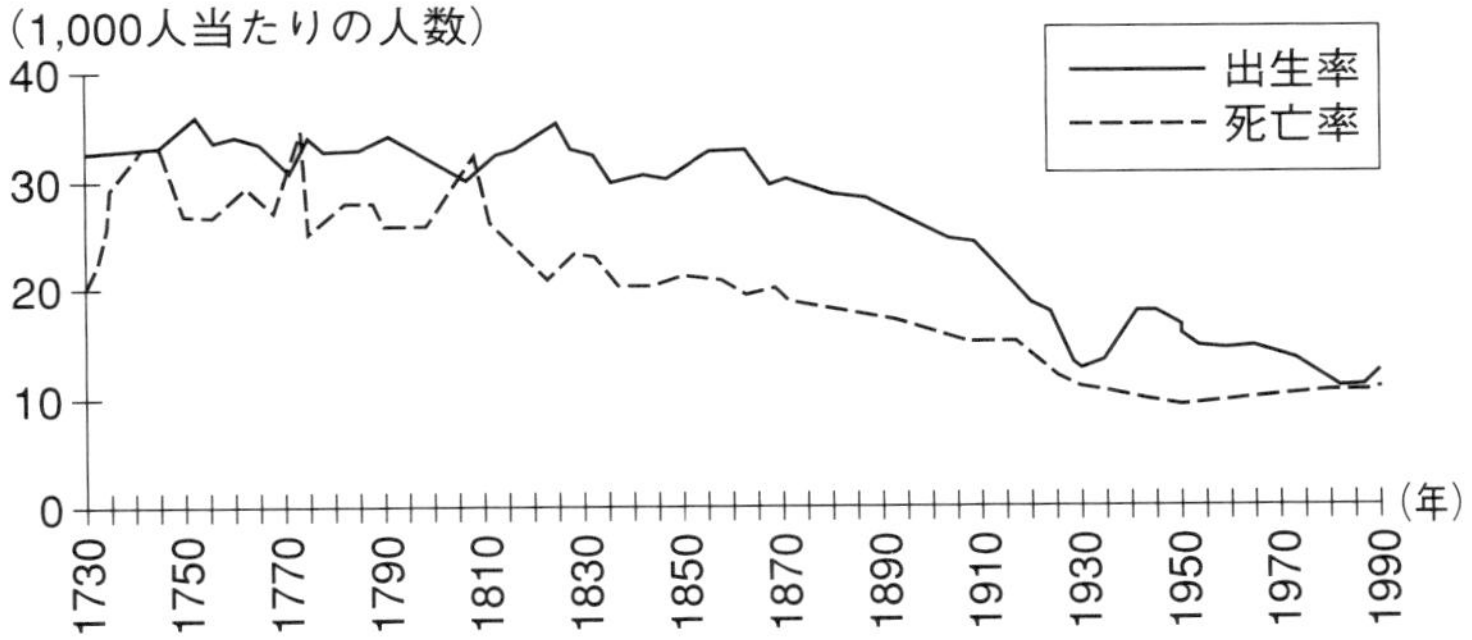

(出典) *Historisk statistik för Sverige. Del 1. Befolkningen 1720-1967*, SCB, 1969.

ある歴史的状況は、一つの世代の生成や世代交代の出発点をなす。そうした歴史的状況とは、戦争での敗北や政治的・社会的・経済的条件の自由化といった、そこから解放が生じる抑圧の状況であるかもしれない。ある世代は独自な価値観やライフチャンスにたいする期待によって特徴づけられ、それがほかの世代と自己を区別する。団塊の世代は、年をとると多大な高齢者福祉を需要するようになる。そのとき、つまり福祉にたいする需要の増加は高齢者福祉のシステムの発展にとって決定的な意味をもつことになる。(原註5)

図2－1において、われわれは年齢グループのまとまりからなる三つの団塊の世代を区別しうる。最初のものは、一八世紀の半ば、つまり一七四五年から一七六〇年に生まれた年齢グループである。このグループは、それに先行する年齢グループよりもはるかに大きい。第二の大きな年齢グループは一九世紀に見いだされる。一八一

五年から一八三五年の時期において、出生率はそれに先行する時期よりも非常に高かった。同じような相対的な大きさをもった第三の年齢グループは、一九四〇年代に見いだされる。たとえば、一八二一年から一八二五年に生まれた年齢グループは、一八〇六年から一八一〇年に生まれたグループよりも五〇パーセント多かった。同様に、一九四六年から一九五〇年までに生まれたグループは、一九三一年から一九三五年までに生まれたグループよりも五〇パーセント大きいのである。(原註6)

われわれはここで、先に言及した三つの世代を形成する年齢グループに考慮した歴史的時期区分により議論をすることにする。それは、それぞれの世代が支配する三つの歴史的時期、すなわち一七五〇年から一八五〇年、一八五〇年から一九五〇年、そして一九五〇年以降に分けて議論することを意味する。

◆ 家が担い手であったとき——一七五〇年から一八五〇年

一七五〇年から一八五〇年までの人口の年齢構造

一七五〇年から一八五〇年までの時期において老人の数は増加したわけであるが、人口に占める老人の割合は同時期に減少した。

表２－２　1750年から1850年までの時期における老人の数と全人口に占める割合

年齢グループ	65歳以上	人口に占める割合(%)	80歳以上	人口に占める割合(%)	全人口数(人)
1750	110,401	6.2	15,000	0.8	1,780,678
1800	134,084	5.6	11,000	0.5	2,347,303
1850	167,953	4.8	17,000	0.4	3,482,541

（出典）*Historisk statistik för Sverige*, SCB.

表２－２から、一七五〇年から一八五〇年の間に老人の数が五〇パーセント増加していることがわかる。同時期に、スウェーデンでは総人口が一七〇万人から三四〇万人に倍増した。このように、全人口の増加は人口における老いた部分の増加よりも大きかったために老人の割合は減少した。人口における六五歳以上の割合は、一七五〇年の六・二パーセントから一八五〇年の四・八パーセントに減ったのである。八〇歳以上の割合も、一七五〇年の〇・八パーセントから一八五〇年の〇・四パーセントに減った。

一九世紀初めにスウェーデンは、低下する死亡率と、低下していたがなおときには一八世紀よりも高くなる出生率で特徴づけられる人口学的局面に入ったといえる。人口における年少者の割合は、死亡率の低下がまず子どもに及んだために急速に上昇した。逆に、老人の割合は減った。就業人口による年少者の扶養負担はいくぶん増加したが、老人の扶養負担は減少した。しかし、このことが、人口における老人にたいする福祉のニーズと年少者にたいするニーズの間に大きな緊張関係を生み出すということはほとんどなかった。むしろ、同時期の人口における老人の割合の減少により、当該期の高齢者福祉のシステムにおいて、人数としては増加しても老人を養って介護することは容易になった。

人口のあり方から見て、高齢者福祉のために諸資源を改めてつくり出す必要はなかった。というのも、一七五〇年から一八五〇年までの時期に老人の総数はわずかしか増えず、そのことはとりわけ八〇歳以上の年齢グループについていえたことである。それゆえ、当該期の高齢者福祉のシステムを変える何らかの人口経済学的なインセンティヴはこの時期にはなかったのである。

一七五〇年から一八五〇年における高齢者福祉の発展

農民社会においては、自己の老後をいわゆる隠居契約（コラム3を参照）、すなわち土地やそのほかの財産を譲りわたすことで安全なものとした。それは、通常、子どものうちの誰かに自分の農場を任せ、その代わりに子どもは、存命中は両親を養う責任を引き受けるということを意味する。老人を世話して養うという問題は、このようにして家族か親類の枠内、あるいは農場の新しい所有者か借主によって解決された。

農業社会では、土地やそのほかの財産による収益が老人を養うための主要な財源であったので、財産をもたない貧しい者は老後を生きていくためには大きな困難を抱えていた。それゆえ、キリスト教の慈善の教えは財産をもたない者にとっては大きな意味をもち、教会は、貧民や老人、病

COLUMN 3

隠居契約（undantagskontrakt）

財産の生前贈与と引き換えに、財産相続者が以前の所有者に生涯にわたってさまざまな便宜を与える義務を定めた契約。スウェーデンでは一八世紀に普及したが、北欧全体に見られた制度である。

中世においても、財産を相続する者が財産所有者を扶養する制度は存在したが、その場合、所有者は財産あるいは家族のなかでの家父長としての権利を死ぬまで保持した。しかし、ローマ法の影響を受けて成立したこの制度は、所有権を完全に生前（契約成立時）に譲り渡してしまうところに特徴がある。それゆえ、契約内容は詳細をきわめ、食料、衣料、燃料、住居のほか、さまざまな待遇条件が事細かに定められた。

中世の制度にも共通することは、老人を扶養する義務が必ずしも家族にはなく、何より財産を移譲される者にあったことである。法的には、子であったからといって親を養う義務を必ずしも負わなかったのである。また、扶養といっても親の老いる状況にあわせて融通無碍にその形態や内容が変わるのではなく、契約によってあらかじめ詳細にその内容が定められたことに留意すべきであろう。

一方、この契約によって財産を譲られた者は、老人のみならず自己の子どもを養わなければならなかった。しかも通常、この契約が親子で結ばれる場合、農場を相続する者以外の兄弟姉妹への財産分与が定められ、相続した子どもの農業経営は重い負担を強いられた。そのため、契約をめぐっては激しい世代間対立が見られたといわれる。

この制度は、一九世紀に入り、農業革命によって土地の商品化が進み、老人が農場を売却してしまうことが普及したことや工業化が進展して、人口の流動性が高まり、都市化が進行するなかで廃れていった。

Gaunt, David, *Familjeliv i Norden*. Stockholm 1996, s.144-173.

人が何らかの形で援助やケアを受けるようにする義務を引き受けた。実際には、教会が課す権利をもつ「救貧十分の一税」[1]を農民が貧民の世話をしない代わりに支払うことを意味した。また、いわゆる奉公人（inhyseshjon）は、農場での仕事を手伝うことにたいして食事や部屋を与えられた。当時の高齢者福祉（äldringsvård）とは、言い換えれば救貧と同義であり、財産をもつ者に支えられて慈善に基づいて行われた。

老いて弱ったり病気で働けなくなった奉公人は、オークション[2]でどこかの家族に引き取ってもらうか「貧民小屋（fattigstugan）[3]」に移された。一七三四年に各教区が貧民小屋を建てる義務を定

「18世紀前半以来の元来の姿は良く保存されているスウェーデン最古の貧民小屋で、ユリータ（Julita）にある。建物には以前には窓がなかった。一部屋しかないところに男女７人の貧民が共に生活した。彼らは、食べ物を領主の農園から恵んでもらうか、物乞いをして得た」

（Ivar Lo-Johansson, Alderdom, Stockholm 1949, s.10.）

めた法律が採択されたが、それ以前にも、貧民小屋は自由意思に基づいて設立されたのであり、存在するのが普通であった。(原註7)

一七三四年法の本質的な部分の変更も、そのほかの高齢者福祉の変化も、一八五〇年ごろまでは起こらなかった。このことを合理的に解釈すれば、先に述べたように、老人の数や老人の割合の増加といった形で高齢者福祉の変革を促がす要因は、一七五〇年から一八五〇年の間には存在しなかったのである。

---

(1) 教会に収める十分の一税は、教区牧師(prästen)、教区教会、司教(biskop)に配分された他は、貧民を養う費用に当てられた。これを「救貧十分の一税(fattigtionde)」と呼ぶ。Dahlberg,D.H., *Bidrag till svensk fattiglagstiftningens historia*. Uppsala 1893, s.15-23.

(2) (bortauktionering) 財産をもたず身寄りのない老人や子どもは、教区の仲介によって奉公人として受け入れられる制度(utackordering)が存在したが、もはや働けない老人の場合、教区が代価を支払うことを前提にオークションを開き、もっとも低い代価を提示した者を引き取り手とすることもあった。通常、貧しい農民(小作人など)が代価を当てにして引き取るため、老人にたいする処遇はきわめて劣悪であったという。一九一八年の救貧法で廃止される。Ejdestam,Julius, *De fattigas Sverige*. Stockholm 1969, s.113-122.

(3) 一六世紀末から建てはじめられた貧民の収容施設。文中で問題とされている老人のほか、病気あるいは心身の障害のため働けない者や孤児なども収容された。Ejdestam, Julius, a.a., s.86-104.

COLUMN 4

自由農地（skattejord）

当該期のスウェーデンの農民は、耕作している土地の種類によって、王領地農民、免税特権地（つまり、貴族の所有する土地）農民とそれ以外の自由農民に分けられた。自由農地は、スウェーデン語で「skattejord」という。元来は軍役の代わりに国家に対して税を納めるべき土地の意味であったが、王や貴族の地主としての支配に服さない、自由農民（skattebonde）の土地を意味するようになった。スウェーデンでは、中世以来、土地に占める自由農地の割合が高かった。このことは、スウェーデンにおける封建制の欠如を指摘する場合の一つの論拠とされるし、スウェーデンにおける自由の歴史的伝統を形づくるものとしても位置づけられている。

Heckscher, E.F., *An Economic History of Sweden*, Cambridge/Massachusetts 1954, pp.29-32.

一八世紀における団塊の世代

一七一八年から一七七二年までの「自由の時代[4]」は、専制や検閲制度の廃止およびそれと結び付いた政治思想によって特徴づけられる。さらに、重商主義にもかかわらず、生産にたいする規制の緩和や廃止も起こった。

一七四三年には自由農地（**コラム4**を参照）での小作地（torp）設立は無税であることが決定され、一七五七年には、これが王領地や一般の領主地（frälsejord）にも広げられた。一七四七年には農場分割（**コラム5**を参照）や農民の奉公人雇用を制限する法律が緩められた。それ以前には、奉公人の人数は一つの農家（hemman）に大人二人、中人（halvuxen、一五歳から二〇歳までの者をさす・訳者）一人までと定められていた。

COLUMN 5

農場分割（hemmansklyvning）

相続や売却によって農民の土地を分割することは長い間禁じられていた。それは、国家が、それによって農業経営の細分化が進んで税を支払えなくなることを恐れたからであった。しかし、実際にはそれが進行し、人口増加への配慮もあって一八世紀半ばには規制が緩和された。

そして、農村で貧しい下層民が大量に生成するようになるに及んで、一九世紀半ばには農場分割には再び厳しい制限がなされるようになった。しかし、この領域でも経済的自由を求める声が強まり、現実に進行する事態を押しとどめることはできず、一八八一年に最終的に規制が撤廃されることとなる。そこでは、むしろ小規模な土地の購入を促し、小農経営を増やし促進することも意図された。

Heckscher, E.F., op.cit., pp.162-166.

（4）（frihetstiden）一七一八年のカール一二世（Karl XII）の死をもってスウェーデンの「大国時代（storhet-stiden）」は終わり、それから一七七二年のグスタフ三世（Gustav III）によるクーデターにより啓蒙絶対王政がはじまるまでの、二つの絶対王政期に挟まれた時代を「自由の時代」と呼ぶ。この時期には王権が弱まり、議会主導による政治が行われた。

一七六二年の大分割条例（**コラム6を参照**）や土地所有者が奉公人のために小屋を建てる権利についての法律は、規制を緩め、生産の増進を図る同じ方向性をもつ。開墾が促進され、それがメーラレン湖周辺地域からスコーネ、ノルランド[5]、フィンランドへの移住にもつながった。しかし、教区にとってはその任務や組織にいささかの変化もなかった。人口移動が起こったが、土地所有農民の権利や生産構造は維持され強化されたことにより、一八世紀の間、教区組織は保たれた。（原註8）

一九世紀前半の農業におけるエンクロージャー、人口増大および工業化の初期の展開によって無所有者の数は増大し、農民がすべての貧民の面倒を見るのは重荷となった。つまり、救貧十分の一税では不十分であった。教区の「救貧委員会（fattigvårdsstyrelser）」は、一八四七年に貧民や老人にたいする義務を果たしているかどうかを見張るすべての責任を引き受けた。救貧における教会の役割は、一九世紀後半にはコミューンに次第に引き継がれることとなる。貧民にたいする責任は、教会からより明確な集団的、社会的責任に徐々に移っていったのであったが、その移行は宗教改革以来ゆっくりと進行していたものであった。一八七一年に施行された救貧法により、特別な課税を通じてコミューンに税を支払う者が救貧を財政的に支えることとなった。

また、救貧における制度化が進行する兆しも見られた。一八六〇年代には貧民農場（fattiggård）や貧民の家（fattighus）が導入されたが、それらは、コミューンが管轄する点でも今日の

COLUMN 6

大分割（storskifte）

中世ヨーロッパの村落は、概して、居住地が集中する一方、それぞれの農家の耕地が分散して、ほかの農家の耕地と入り組んでいる特徴をもっていた。そうした特徴は、耕作が村落共同体の規制の下に集団的に行われていたことと結び付いていた。集村形態を分解して各個の農家の周囲にそれぞれの耕地を集中させ、独立した農業経営をつくり出していく過程をエンクロージャー（skifterörelse）と呼ぶ。

「skifte」とは、土地の交換・分配を意味する。スウェーデンでは、それが三つの段階で行われた。すなわち、一八世紀半ばに、農民の養成に基づき行われ、耕地の集中や集村形態の分解においては微温的なものにとどまった大分割（storskifte）の段階。一九世紀初頭に行われ、農業経営の合理化を主な目的として急進的に耕地の集中と集村形態の分解を進めた一筆分割（enskifte）の段階。一八二七年の法令（stadgan）に基づき、より柔軟に地域の状況に適応した形態で進められた法分割（lagaskifte）の段階である。

これらの過程を経て土地所有の近代化が進み、各農家がそれぞれの経営でイニシャティヴを発揮することが可能となった。

Heckscher, E.F., op.cit., pp.155-162.

（5）現在のスウェーデンから、一七世紀までデンマークの領土であったスコーネ（Skåne）などを除き、西部および南部（イェータランド Götaland）、メーラレン（Mälaren）湖を中心とした中部スヴェアランド（Svealand）と北部に区分したとき、北部にあたる地域を指す。

老人ホーム（äldredomshem）の前身といえる。貧民農場や貧民の家は、住民が自活しなければならない貧民小屋とは異なり、いく人かの雇い人がいた。貧民農場には、通例、救貧を受ける者が能力に応じて働かねばならない農場が属していた。

一八世紀の人口増加は、とりわけ一七四五年から一七六〇年に生まれた団塊の世代によって生じたのであるが、その最大の部分は小作人や奉公人の層で起こった。つまり、人口の主要な部分を占める農民層では人口増加はほんのわずかしか起こらなかったのだ。この一八世紀の団塊の世代は、政治的転換や経済的な脱規制化を繰り返し試みることとなる。しかし、この世代の成功は、ある程度は支配的であった重商主義的諸思想によって制限されたのであったが、何よりも一七七一年と一七七二年の間に起こった凶作の結果としての飢饉によって阻まれた。飢饉はチフスや天然痘といった疫病の流行につながり、死亡率はうなぎ登りとなり、そのため一七七二年と一七七三年には死亡者数が出生数を上回った。一八世紀の団塊の世代の可能性は疫病のために打ちくだかれ、その革新をもたらす力はそれにより潰えた。

一七五〇年から一八五〇年までの時期に関しては、要約すれば、高齢者福祉の責任は土地やそのほかの財産の保有者にあったということができる。財産を相続したり購入した者は、隠居契約あるいは貸借その他の方法で、それ以前にそれを所有したり耕作していた老人を養う義務を負ったのである。

老人であれ、病人であれ、何かの原因で働けなくなった者であれ、財産をもたない者は慈善によって保護された。その慈善の行使を、財産からの収益に課せられた税、いわゆる救貧十分の一税が助けた。高齢者福祉は、まったくもって実際には、財産を所有して老人を世話する者や、老人の世話をする代わりに税を免れた者によって担われたのであった。

のちに、一九世紀において、教会の教区と世俗の教区[6]が分かれてくる。そして、世俗の教区は救貧の全責任を負うこととなる。教区の貧民農場や貧民小屋は、救貧十分の一税をもってしても誰も世話をしようとしないときの最後の砦となった。

一九世紀初めの工業化において、老後や廃疾、病気に備えて保険基金が設立され、一方で老人向けの住宅が建設されはじめた。一つの例は、モタートラ機械工場[7]での老齢退職者や病気退職者、

（6）（allmänna socken）一六世紀の宗教改革以後、教区は教会の組織としてのみならず、末端の行政組織として機能した。しかし、次第に行政機関としての役割が増大し、組織的に分化した。これが世俗の教区である。最終的には**コラム10**で見るように、一八六二年のコミューン諸法（kommunallagar）により聖俗両機能が組織的にはっきりと分けられることとなる。教区のさまざまな役割については、石原俊時「スウェーデン近代と信仰復興運動」今関恒夫他『近代ヨーロッパの探求3　教会』ミネルヴァ書房（二〇〇〇年）三〇三～三〇六ページを参照。

あるいは彼らの死後に残された妻たちのために建てられた、いわゆるモターラの「未亡人小屋(änkehusen)」である。そのような保険基金や住宅は、自由意思に基づき、何らの社会的方策ではなしに企業や個人のイニシャティヴによって設立された。このことは、初期の工業化において増大する賃労働は、高齢者福祉を財政的に支える新しい形態を生み出す土壌となったことを意味する。新しいアクターである企業や「勤労者協会」(8)も、病気や廃疾となった場合の所得の喪失にたいする保険のニーズばかりでなく、高齢者福祉の要求を充足するための方法をも模索した。(原註9)

◆ 家族から集団的福祉へ——一八五〇年から一九五〇年

一八五〇年から一九五〇年における人口の年齢構造

一八五〇年から一九五〇年までの時期に人口の年齢構造は激しく変わり、一七五〇年から一八五〇年までの時期とまったく異なったものとなった。

老人の総数は、**表2-3**からわかるように、一八五〇年から一九五〇年の間に着実に増加した。人口増加は、とりわけこの時期の初めには急であり、総人口は二倍となった。全体の人口における伸びは出生率の上昇によるものではない。というのも、この時期を通じてそれは低下している

表２－３　1850年から1980年までの時期における老人の数と全人口に占める割合

年　齢グループ	65歳以上	人口に占める割合(%)	80歳以上	人口に占める割合(%)	全人口数(人)
1850	167,953	4.8	17,000	0.4	3,482,541
1900	429,834	8.4	56,000	1.1	5,136,441
1950	721,093	10.2	106,000	1.5	7,041,819

（出典）*Historisk statistik för Sverige*, SCB.

からだ。人口成長は、**表２－１**を見ればわかるように急激な死亡率の低下の結果であった。

人口の年齢構造もこの時期に大きく変わった。六五歳以上の老人の割合は、一八五〇年の四・八パーセント（人口に占める老人の割合としては知られるかぎり最低の数値）から一九五〇年の一〇・二パーセントに増加した。八〇歳以上の高齢者も、総数としても人口に

（7）（Motala mekaniska verkstad）モターラには、一八二二年にイェータ運河建設工事に用いる機械を製造するため、イギリス人技師の指導の下にスウェーデンで最初の近代的な機械工場が設立された。その後、一九世紀末葉まで同国最大の機械工場であった。*Nordisk familjebok*, Band 18, Stockholm 1913, s.1211-1215.

（8）（arbetareförening）一九世紀半ばから末にかけて北欧諸国で設立された自発的結社。手工業者・手工業労働者を中心にさまざまな中間層や労働者階級が参加した。工業化に伴って生成した「労働者問題」を「労働者階級と中間層の垂直的連帯」によって解決していくことを目指し、講義や講演、図書館の設立といった啓蒙・学習活動、協同組合運動、疾病・埋葬基金や年金基金といった自助基金活動などを展開した。石原俊時『市民社会と労働者文化』木鐸社（一九九六年）九一～九三ページ。

占める割合としても増えている。人口に占める老人の割合の増加は、一九〇〇年までの時期がもっとも大きい。とくに、出生率の低下こそが人口における年齢構造をこのように変えたのであった。

人口において老人の数が増大した結果、高齢者福祉のために社会が必要とする資源は急速に増え、そのことにより高齢者福祉において資源が枯渇する兆候が見られるようになった。老人、とくに最高齢層の割合の増加は、社会において老人に資源をさらに再分配することにつながり、それにともなって福祉やそれを財政的に支えるあり方の変化を促がしたのである。

一八五〇年から一九五〇年までの高齢者福祉の発展

一八八〇年代に、老人問題は政治的に注目されはじめた。ますます多くの者が賃労働で生活するようになったが、彼らは、老後には救貧に頼ることを余儀なくされたのである。

一八八四年に自由主義派の国会議員アドルフ・ヘディン[9]は、最初の老齢年金・廃疾保険の動議を書いた。おびただしい審議を経て、一九一三年にそれらの保険は成立した。このヘディンの動議の背景には、工業発展にともなって労働者の多くのグループに及んだ事柄があった。つまり、労災の危険が大きかったのだ。というのも、労働環境は劣悪であったし、機械を扱う教育も行き届いていなかった。ヘディンは、働いて傷ついた者や、身をすり減らして働いてきた者は、生活をしていくうえでの援助を受けるべきだと考えたのである。

一九一八年には、新しい救貧法が成立した。いまや老人は、コミューンが彼らの面倒を見てくれないときには苦情を申し立てる権利を得た。かつて、こうした権利は農民社会には存在していたが、一八七一年の救貧法でコミューンが高齢者福祉の責任を引き受けたときに消滅していた。もう一つの重要な変化は、この法律によって、コミューンが自分のところに住む老人や貧民を追い出すことを禁じられたことである。そして、コミューンは老人ホームを所有することが義務づけられた。二〇世紀初頭の諸立法は、病気のときや老後の生活における経済的条件を改善し、一九世紀においては救貧のもっとも人を劣悪な状況に追い込む要因を払拭することに配慮したように見える。

今日の社会政策の礎石は、世紀転換期のあと数十年のうちに築かれた。一九二〇年代と一九三〇年代に、その後の発展に大きく影響を与えることとなる理念が生成した。ペール＝アルビン・ハンソン（**コラム7**を参照）やグスタフ・メッレル[10]、そのほかの指導的な社会民主主義者たちは、

（9）（Adolf Hedin）一八三四～一九〇五。一九世紀末の急進的自由主義を代表する政治家。ウプサラ大学に学び、当初は新聞編集にかかわっていたが、その後政界に進出し、選挙権拡大、婦人の解放、徴兵制や官僚制の膨張への反対を唱え、活発な言論活動・政治活動を展開した。一八八四年に議会に提出した労働者を対象とした労災・老齢保険に関する動議は、ドイツにおいてビスマルクが中心となって導入を推進した社会保険がモデルとなっていたといわれる。Kihlberg, Leif, *Folktribunen Adolf Hedin*. Stockholm 1972.

COLUMN 7

ペール＝アルビン・ハンソン（Per-Albin Hansson、一八八五〜一九四六）と「国民の家（folkhem）」

レンガ積み職人の子としてフォシエ（Fosie）に生まれる。一二歳のとき、マルメ（Malmö）で商店の走り使いとなる。レンガ積み職人であった兄のシグフリート（Sigfrid Hansson）とともに早くから労働運動にかかわり、社会民主党系新聞の新聞編集者および職業政治家としてキャリアを積んだ。兄も同じく社会民主党で重きをなし、労働運動史家としても知られている。

一九一〇年代の党内抗争のなかで常に初代党首イャルマール・ブランティングを助け、一九二〇年代に入ると三度のブランティング内閣で防衛相として活躍し、一九二五年にブランティングが亡くなると、第二代党首に就任した。一九二八年には有名な「国民の家（folkhem）」演説を議会で行い、急激な社会変

1932年に成立した第１次ハンソン内閣。
左より５人目がハンソン、右端がメッレル　（Ibid., s.82）

革ではなく階級協調のもとに漸進的に平等な社会を築いていく方針を示した。「国民の家」とは、国民が皆、家族のように自由かつ平等で、そうした国民相互の理解と連帯に基づくような国家あるいは社会のことである。以後、「国民の家」はスウェーデン福祉国家を象徴するフレーズとなる。

一九三二年から一九四六年の死に至るまで、一九三六年の一時期を除き首相を務め、大恐慌や第二次世界大戦といったスウェーデンに押し寄せた危機を克服することに尽力し、福祉国家建設を推進した。

Isaksson, Anders, *Per Albin*, 4vol. Stockholm 1985-2000.

1932年、首相就任のころのハンソンの写真
（*Per Albin Hansson.På femtiodage den 28 oktober 1935,* Stockholm 1935, s.84）

（10）（Gustav Möller）一八八四～一九七〇。鍛冶職人の子としてマルメ（Malmö）に生まれた。社会民主党青年運動でペール・アルビン・ハンソンと出会い、以後四〇年間ともに良きパートナーとなった。党や内閣で重要なポストを歴任した。とりわけ、一九三二年から一九五一年まで一時の中断もあったが長きにわたって社会相を務め、福祉国家の基礎を固めるのに中心的な役割を果たし、「福祉社会の建築家（välfärdssamhällets arkitektur）」とも呼ばれている。Jönsson, N.C., *Politik och kärlek-en bok om Gustav Möller och Elsa Kleen*. Stockholm 1987.

より良いスウェーデンをつくり出すヴィジョンをもっていた。何より、「連帯」、「公正」、そして「平等」の理念に基づく社会を求めた。「貧しきスウェーデン（fattigsverige）」の不公正は根絶されなければならず、新しい「国民の家（folkhem）」が構築されねばならなかった。

国家は、それ以前には社会のさまざまな階層の間におけるゲームのルールを維持することに注意を向けており、諸資源の再分配には関心をもっていなかった。しかし、一九三〇年代には、諸改革を通じて社会を変えていく国家の能力にたいする信頼が増した。社会民主党は一九三二年に政権党となり、そこから、第二次世界大戦時の戦時経済による中断を除いてスウェーデンにおける長い社会改良政策の時代がはじまった。そして、さまざまな援助や国家介入を実行し、一九三〇年代の大量失業によって、労働者の生活があまりにも手痛い打撃を被ることを何とか避けようとした。また、国民年金の提案は一九三六年に採択されたが、それは高齢者福祉の領域で「貧しきスウェーデン」の不公正にたいする闘争の重要な一歩となった。

相互連帯の思想や集団的解決にたいする信奉は社会改良政策を導く原理となり、社会政策支出は、負担としてではなく人と人との間で資源を再分配するものとして見るべきものとなった。また救貧は、すべての者に社会から助けを得る権利を与える社会的保護のシステムによって代替されるべきと考えられた。

一九三〇年代に多くの議論を呼んだ一つの問題は、人口問題であった。それは、アルヴァ・ミュルダールとグンナル・ミュルダールの書物『人口問題における危機』（**コラム8を参照**）によって切実な問題であることが認識された。またそれは、家族生活に大きな影響を与えることとなる改良政策のスタートを告げる一撃となった。

ミュルダール夫妻は、出生率の低下にもし何らの対策もなされなければ、スウェーデンは人口が減少する事態に陥ると警告した。こうした問題が起こった理由として、家族生活を急激に変化させ、それによってたくさんの子だくさんを嫌がるようにした社会の構造変化が指摘された。一つには、より多くの子どもをもつことを促がすために、また一つには、変化する社会において人々を統合するために急進的な再分配政策や社会政策が求められた。

アルヴァ・ミュルダールは、女性の状況に深く関心を寄せていた。彼女は、社会変化により、男女双方が助け合って生活の糧を得ていた昔とは異なり、男性が一人で家族全体を養う存在となったと主張した。人間の価値は、その人が社会において何を生産したのかによって計られるようになり、女性にとって、社会における生産的な活動に参加することで自己の地位を強化することが重要となった。

アルヴァ・ミュルダールにとって、家事労働は非生産的であって、女性が家庭にあって孤立する危険性が高いものであった。それゆえ彼女は、女性が外に出て働いて金を稼ぐ可能性をつくりだすことが重要であると考えた。当然、それを可能にするためには、社会が子どもや家事労働の

COLUMN 8

ミュルダール夫妻

グンナル・ミュルダール（Gunnar Myrdal、一八九八〜一九八七）、アルヴァ・ミュルダール（Alva Myrdal、一九〇二〜一九八六）。

グンナルは、オーシャ（Orsa）で建築親方の息子として生まれた。ストックホルム大学で当初法律を学んだが、のちにグスタフ・カッセル（Gustaf Cassel）を指導教授として経済学研究に没頭し、経済学者として大成した。一九七四年にはノーベル経済学賞を受けることとなる。彼は、一九二〇年代にはすでに自由放任主義やそれを支える当時の正統的な経済学に異を唱え、新しい経済学の潮流であるストックホルム学派の中核を担うようになる。一九三二年に社会民主党に入党したが、そこで彼の経済理論は、ケインズ以前のケインズ政策とも呼ばれる社会民主党政権の恐慌克服策を理論的に支える支柱の一つとなった。彼自身、政治家・専門家として、諸政策の形成過程に深くかかわった。他方、一九二〇年代末にアメリカに初めて留学して以来、たびたび長期に滞在する機会があり、その社会のあり様は彼に強い印象を与えた。『アメリカのジレンマ』に代表されるアメリカ研究は、制度学派的アプローチを採用する大きな契機となったといわれる。また、そうしたアプローチは、第二次大戦後に国連の活動にかかわるなかで進展した、『アジアのドラマ』に代表される彼の低開発研究に活かされた。

アルヴァは、建築親方の娘としてウプサラで生まれた。女性が高度な教育を受けることを好まぬ母親の意向で、義務教育を終えると会計事務所に勤めたが、自発的に勉学を続けた。早くから、教育における性差別に強い反発を抱いていたという。一七歳でグンナルと知り合い、グンナルのいるストックホルム大学で宗教史などを学ぶようになった。一九二四年に二人は結婚したが、勉学意欲は衰えず、その後も心理学・教育学などの研究に従事した。彼女の名は、夫との共著『人口問題における危機』で高まったが、とりわけ第二次世界大戦後に、国際平和問題や低開発問題などに取り組み、ユネスコやＩＬＯなど国連を舞台として活躍し、スウェーデン外交に重要な役割を果たしたことで名声を不動なものとした。その功績で、一九八二年にノーベル平和賞を受賞した。

グンナルとアルヴァは、生涯よきパートナーであった。アルヴァの社会観の形成にグンナルが決定的な影響を与えたことはたしかであるし、天才的なひらめきをもつグンナルにたいし、具体的・現実的な観点を付与したのがアルヴァであったともいわれる。『人口問題における危機』は、そうした夫妻のコンビネーションの妙が発揮された著作であると評価できる。この書物は、社会政策に、経済的・社会発展がもたらした弊害に対処するのみではなく、より良い経済的・社会発展を実現するといった積極的課題を与え、家事や育児の社会化のように新たな領域を切り拓いた

アルヴァ・ミュルダール

グンナル・ミュルダール

が、実際にも、「国民の家」を旗印とした社会民主党の福祉国家建設のヴィジョンに少なからぬ影響を与えた。そうした意味で、スウェーデンの社会福祉の発展にとって画期的な意味をもった書物であったことは間違いない。

また、家事や育児の社会化が、女性の経済的自立を支え、それが経済発展を促すという主張が女性解放思想の展開に大きく貢献したことも忘れてはならない。しかし、育児の集団化や強制避妊を主張するような、専門知に基づき個人の生活や自由を統制する社会工学的要素を内包していたことも指摘されている。

なお、彼らの息子ヤーン（Jan Myrdal）は有名な作家であるが、幼少期を扱った自伝的作品において両親をむしろ冷たい抑圧的な存在として描いている。

ミュルダール夫妻については多くの文献があるが、とりあえず次の書物を参照。*Vägvisare:texter av Gunnar Myrdal - en antologi.* Stockholm 1998 ; Åkerman, Brita, *Alva Myrdal: från storbarnkammare till fredspris.* Stockholm 1997.

面倒を見なければならない。また、家事労働を合理化して簡素化しうるためには、住宅の構造がより機能的とならねばならない。そして、女性が働いている間、子どもは今日の幼稚園（daghem）や保育園（förskolor）、余暇の家（fritidshem）の前身である保育園（barnkammareskolor）で世話を受けるべきであり、そこでは、さまざまな分野の専門家が子どもを自由に考える自立した個人に成長させ、両親は、どのように子どもを育てていくべきかのアドヴァイスを受けることとなる。

ミュルダール夫妻が提唱したこのような理念は、一九三五年に「人口問題審議会」（befolkningskommission）が設立されることにつながり、その審議会は新しい社会政策を構想する任務を課せられた。その結果が、それに続く数十年の間に実現することとなるおびただしい数の改革案であった。たとえば、住宅ローンや住宅補助、無料の学校給食、無料の学校送迎バス、無料の教科書、幼稚園・保育園・余暇の家の建設、無料の妊婦ケア、そして児童給付（barnbidrag）などである。

このような理念を実現する力に貢献した一つの要因は、低出生率が国家としてのスウェーデンにとって意味する脅威を背景に、この思想が提示されたことである。合理的かつ科学的なやり方で人々の生活状況を改善すればこの脅威を回避できるのであるし、それは政治的手段によって実現可能なのである。その社会に存在する社会的および経済的問題の原因は、啓蒙や知識、教育によって是正できる悪しき慣習にあると考えられる。人間は、より良く住むことも、野菜を食べることも、歯を磨くことも、子どもを育てることも、そしてそのほかのこともできるようになるものなのである。

さまざまな改良政策を実施するための良き基盤を得るためには、社会的ニーズを明確にし、事実を集めて整理することが重要である。得る知識が多ければ多いほど、合理的かつ理性的な改革の決断をなしうるからである。しかし、そのためには専門家に任せることも前提となる。専門家は知識をもち、「それがいかにあるべきか」を知る者である。専門家の知識を通じて、すべての市民は社会の発展に参加して貢献する可能性が得られる。いわゆる、社会エンジニアの技能と社会民主主義の貧困を撲滅するための目標の組み合わせは、政治的成功の方程式となった。知識人であるミュルダール夫妻とプラグマティックな社会相メッレルは、第二次世界大戦直後の時期には福祉国家の発展に大きな影響を及ぼし、それにともなって高齢者福祉の発達にも多大な影響を及ぼすこととなった。(原註10)

かつてよく見られた子どもと老いた親の間の隠居契約（**コラム4を参照**）は、都市化過程の急激な人口移動によって絶えてしまった。伝統的な家族概念は、次第に母、父、子どものみからなるグループに縮減された。このようにして、公的・集団的な形での高齢者福祉が拡大する基礎が築かれ、社会が老人の面倒を見なければならなくなった。そのためには、家族、とりわけ老人の世話の大部分を担う女性の負担は社会によって軽減されなければならなかった。それにより、女性には男性と同じ条件で家族を養うことに貢献する可能性が大きく開けるのである。また、〔育児や教育と同様に〕高齢者福祉は専門家によって担われるならば改善するはずであった。

こうした発展の一つの側面は、人口経済学から見てとくに興味深いことである。一九五〇年代に、スウェーデンでは深刻な労働力不足に悩まされていた。家族政策、とくに育児ケアの整備は、女性に労働市場への道を開くことに貢献した。解放された女性労働力は、福祉や成長するコミューンによる高齢者福祉で職を得た。安い女性の労働力の供給はまた、高齢者福祉の整備や家事サービスの生成を支えるものとして利用されたのである。つまり、専業主婦の賃金を支払われない老人介護は、公的な高齢者福祉における介護ヘルパーの賃労働に転化したのである。

一九一〇年から一九四〇年までの時期は、一九世紀の高齢者福祉、その弱点と欠陥の経験を、何か新しいものをつくりだすために活用したといえる。これによって、高齢者福祉における社会的公正のためのプランが打ち立てられた。一つの目標は、すべての老人が、以前の収入にかかわりなく、国家が集団的な責任を引き受ける年金で生活していけることである。もう一つの考えは、年金生活者の家や老人ホームにおいて十分良好な住居を提供し、すべての老人が望めばそこに移れることであった。

当然、年金はその費用に用いられる。このようにして、救貧のスティグマ（stigma）は老人ホームから払拭されることになる。老人は、他者の援助（bidrag）に頼ってはならなかった。それにもかかわらず、援助なしには生活できない場合には、援助は〔現金でなく〕現物形態、すなわち老人ホームや病院における無料の部屋という形で与えられるべきであった。

一九世紀の団塊の世代

一八五〇年から一九五〇年の時期における高齢者福祉の発展は、一八二〇年代および一八三〇年代生まれの団塊の世代により推進された。この世代については、グスタフ・スンドベリィ(11)が一九〇三年に発表した〈統計学雑誌〉の論文において以下のように叙述されている。

> 就学時期となれば、彼らの群れはすべての学校を満杯とし、教育問題を火急のものとした。社会に出て働く年齢になると、彼らはギルドを破裂させ（一八四〇年代）、より自由な経済立法を強制したが、それなしにはこうした大勢の人間が生きていくことはできなかったであろう。
>
> 結婚適齢期となると、このありあまる多さは結婚そのものを遅らせ、ついには（一部には次の世代になってのことだが）大規模な移民を引き起こした。また、当時の議会に代表されないすべての階級を過剰にし、身分制議会を破綻させた（一八五〇年代および一八六〇年代）[12]。そして、今日、彼らは老人となり、貧民の家や生活扶助施設をいっぱいにし、廃疾問題や老人問題を切実なものとしている。

一九世紀前半においては、とくに農村の下層階級の数が増加した。すなわち、小作人、小屋住み、奉公人や農民階級出身の無所有層である。しかし、教師や市場向け生産に従事する者も人口全体に比して増加した。一八二〇年代および一八三〇年代生まれの団塊の世代の多数は、これらのグループのどこかに属していたと思われる。

急激な人口増加は一九世紀後半にも続いたが、一八六〇年代初めより、次第に無所有層やスウェーデンからの移出民の増加につながった。それに加えて人口増加は、とくにノルランドなどの、これまで人が住まなかった地域への殖民や都市への広範な人口流入を促がし、一九世紀末の都市化のはじまりをもたらした。このように、一九世紀の団塊の世代は、社会発展をもたらす非常にダイナミックな要因となった。

一八二〇年代および一八三〇年代に生まれた多くの者は、その数の多さだけではなく、それ以前の世代よりも高度な肉体的な資質を示したことでも特異である。そのことは、彼らの相対的に

---

(11) (Gustav Sundbärg) 一八五七〜一九一四。ウプサラ大学で学んだ後、中央統計局 (Statistiska centralbyrån) に就職し、公的統計の整備に手腕を発揮するとともに、一八七六年に一八歳で統計学雑誌〈Statistisk Tidskrift〉に論文を発表して以来、人口統計・農業統計の領域を中心に統計の実務・理論の発展に貢献した。二〇世紀初めには、政府によって選任された大掛かりな移民調査委員会で中心的な役割を果たす一方、スウェーデンで初めての統計学の教授となっている。Flodström, Isidor, *Gustav Sundbärg och hans livsverk*. Uppsala 1935.

(12) 一七世紀以来、スウェーデンでは貴族、聖職者、都市民、農民の四つの身分からなる身分制議会が存在していた。一九世紀の人口増大は、何より小作人、農業や工・手工業の労働者などといった社会の下層で起こった。財産をもたない彼らは、都市民や農民の身分には属さず、議会にその利害を直接反映させることはできなかった。ここでは、一八六六年の二院制議会の成立に見るような身分制解体の一要因としてそのような人口増大を位置づけている。

低いコーホート死亡率[13]からも観察できる。

世紀転換期の議論は、高齢者福祉の不足によって引き起こされたのだが、それを通じて次第に社会が高齢者福祉の責任を引き受けていくことにもなった。一九一三年の老齢年金法や一九一八年の救貧法はこのことを宣言している。さらに、一九世紀における高齢者福祉の不足の経験は、第二次世界大戦までの時期を特徴づける高齢者福祉についての諸理念やその実現のための努力の背景となったとも考えられる。

一九世紀末には、高齢者福祉についての主要な二つの考えが明らかになった。

一つは、老後にいかに生計を立てていくのかをめぐるものである。農村でも都市でも、ますます多くの者が賃労働者となり、その収益が老いたときに生活を支える基盤となる財産をもたなくなった。賃労働者にとって、老齢保険、のちにいうところの年金は、財産をもたぬ者に老後に生活してゆく可能性を与える手立てとなった。一九世紀に老齢保険を設立する民間におけるイニシャティヴが生成していたとしても、社会が年金問題で最初のイニシャティヴをとったのはようやく「一九一三年法」でのことであった。

もう一つの主要な考えは、財産のない老人をどこで、どのようにして、誰が面倒を見るのかということである。かつて、貧しい老人はどこかの家族にオークションにかけて引き取ってもらうか、さもなければ互いに助け合って生活しなければならない貧民小屋か、雇われたスタッフがいるコミューンの貧民農場や貧民の家に入れられた。そして、一九一八年の救貧法では、オークショ ンにかけられることが禁じられた。たいていは自分の家族が老人の面倒を見るのだが、そうではないとすればコミューンがそうした面倒を見なければならない。このようにして、高齢者福祉における二つの発展の方向性、すなわち年金とコミューンによるケアが戦間期の激しい社会政策の議論において根づいていった。

集団的福祉の確立——一九五〇年から一九九〇年

一九五〇年から一九九〇年の人口の年齢構造

表2-4でわかるように、一九五〇年から一九九〇年の時期に人口の年齢構造は激しく変化した。そのことは、一九九〇年までの時期に明らかであるが、世代の効果が年齢構造に強く作用する二〇二五年にまで眼を向けてみても明白である。そのときには、一九四〇年代に生まれた多くの者が、六五歳以上の者の割合を人口の二〇パーセント以上に押し上げるのである。

(13) ある特定期間内に生まれた人の集団を「コーホート」というが、それらの人々に関する死亡率のことを指す。

表2－4　1950年から2025年までの時期における人口に占める老人の割合

年齢グループ	65歳以上	人口に占める割合(%)	80歳以上	人口に占める割合(%)	全人口数(人)
1950	721,093	10.2	106,000	1.5	7,041,819
1990	1,126,010	17.8	369,000	4.3	8,527,100
2000	1,514,000	17.0	448,200	5.1	8,949,700
2025	1,938,000	20.4	537,500	5.7	9,506,900

（出典）*Historisk statistik för Sverige,* SCB och *Sveriges framtida befolkining, prognos 1991-2025*, SCB.

表2－4によれば、この時期に六五歳以上の者の数が大きく増え、予測に従えば、二〇二五年にはスウェーデンの人口約九五〇万人のうち二〇〇万人を占めるようになる。人口における老人の割合を見るならば、一九五〇年の一〇・二パーセントから一九九〇年の一七・八パーセントに上昇する。われわれは、世界で「もっとも年とった」国となっているのである。

八〇歳以上の者の割合が一番増加するがゆえに、高齢者福祉のニーズは、一九五〇年から一九九〇年までの時期と同様に一九九〇年代および二〇〇〇年代にも増え続けると思われる。八〇歳以上の者は、人口に占める割合を一九五〇年の一・五パーセントから一九九〇年の四・三パーセントへと増やした。予測によれば、二〇〇〇年には五・一パーセントとなり、二〇二五年には五・七パーセントとなる。人口において八〇歳以上の者の割合がますます増えていく年齢構造は、福祉を財政的に支えるやり方や年金システム、そしてコミューンの高齢者福祉に変化を促がすことになる。つまり、社会経済にたいする負荷は増加する。しかし、何よりも、人口における老人の割合の増加は社会における所得・資源の再分配につながり、高齢者福祉を支配してきた理念の刷新を要求することになるのである。

一九五〇年から一九九〇年における高齢者福祉の発展

一九三〇年代に議論された、連帯、公正、そして平等をめぐる諸理念は、戦後の数十年の間に発展して洗練された。一九五〇年から一九八〇年の時期は、広範な社会改良プログラムが実現されたこと、そして二〇世紀最初の数十年以来の「ゼネラルプラン」（六三ページ参照）が現実となったことによって特徴づけられる。

市民を貧困から効率的に守り、社会的公正を守る「強靭な社会」（**コラム9**を参照）の思想を実現することができた。そして市民は、社会の建設に参加するより多くの可能性を獲得した。また、労組やほかの利害団体は社会発展に大きな比重を占めた。一九七〇年代半ばまで途切れることなく続いた戦後の未曾有の急速な経済成長は、「強靭な社会」の思想が実現されることに決定的に貢献した。この強靭な社会はまた、公共セクターの妨げられない拡大を意味した。

一九四〇年代には、一九四八年の年金改革によって老人問題が再燃した。それ以前の一九一三年と一九三六年の年金改革では、経済的に安心して暮らすことはできなかった。一つの目標は、

COLUMN 9

強靭な社会（det starka samhället）と一般付加年金（ATP）

一九五〇年代は、スウェーデン福祉国家の発展にとって一つの転機となった。それまで福祉国家の課題は、国民全員に最低限の生活を保障し、貧困を撲滅することであった。しかし、高度成長のなかで完全雇用が実現し、国民の多くが物質的にも恵まれた生活を送れるようになると、最低限の所得ではなく現行の所得を保障し、国民がそれぞれ自由に生き方を選択して自己の能力や資質を十全に発揮しうるようにすることが目指されるようになった。それは、社会保障の補償水準を中間層の所得水準を基準とすると同時に、多様な生き方を可能とするさまざまな社会サービスの発達を促すことを意味した。

このような社会民主党政権の政策転換は、国家の役割をますます増大させることを意味した。それを端的に示すのが「強靭な社会」というスローガンである。それは、公的セクターを拡大することで国民すべての安全を確保しようということを意味し、そのような国家の拡大こそが個人の自由と自立を支えるという思想を表現していた。

これにたいして野党ブルジョワ諸政党は、国家の拡大は自由の制限につながるとして反対した。彼らにとって、福祉国家はあくまで最低限の生活を保障することにとどまるべきであり、あとは個人の自助に任せられるべきなのである。

両者の対立の頂点が、一九五〇年代最大の政治的争点となった付加年金論争である。当時、従来の均一給付型の国民年金は、生活水準が一般的に向上しているなかで、多くの国民にとって不十分なものと映るようになっていた。社会民主党は、公的な付加年金制度を設けて就業時の所得水準を維持することでこうした状況に対応しようとしたのにたいし、ブルジョワ諸政党の多くは、付加年金は民間に任せるべきであると主張した。

　政治闘争に勝利した社会民主党は、「強靭な社会」路線の推進し、福祉国家の転換を進めていくこととなる。また、それによって中間層も社会福祉の受益者となり、社会民主党は福祉国家の支持基盤を拡大することに成功し、長期の安定政権を実現することができたのである。

　渡辺博明『スウェーデンの福祉制度改革と政治戦略』法律文化社（二〇〇二年）、宮本太郎『福祉国家という戦略』法律文化社（一九九九年）第三章を参照。


年金生活者が自分で生活していけるように十分な経済的な保障を与えることであった。一九四八年に拡充された国民年金により、とりわけそれ以前に存在した所得審査がなくなった。その拡充によって、たとえ依然として不公正が残っていたにせよ、年金生活者は基礎的な生活基盤をよりたしかなものとした。そして、一般付加年金の導入は、一九五〇年代のもっとも重要な政治的問題の一つとなり、社会が社会的安全をつくりだすためにどれだけコミットすべきなのかをめぐってイデオロギー的な対立が起こった。一般付加年金、すなわちＡＴＰは一九六〇年に導入された。それは、年金生活者におおよそ以前の生活水準を保つことを可能にすることを目標としていた。

　他方、一九四〇年代に老人にたいする見方も変化した。一九四七年の議会における原則決定では、救貧と高齢者福祉が区別された。老人ホームに入ることは、もはや経済的基準によってではなくケアの必要によって決定されたのである。そして、老人ホームでの居住費は年金から支払われた。老人ホームはまた、何らかのケアが必要な者のためにあるのであって病人のためではなかった。病人は、療養院（**sjukhem**）や病院が面倒を見るべきであった。コミューンには老人ホームを建てる任務が与えられたのにたいし、ランスティングは療養院や病院を建設する役目を負った。

状況はなお依然として満足いかぬものであったということを、イヴァール・ロー＝ヨハンソン（**コラム10を参照**）が一九四〇年代末に発表して注目を集めたルポルタージュが示している。彼は、何より老人ホームのやる気のなさや、彼がそう理解したように、多くの老人が強制的に老人ホームに入れられたことに憤って批判した。イヴァール・ロー＝ヨハンソンは、人はできるだけ長く自宅で生活する可能性を与えられることを望んだ。「ホームでの介護ではなく家庭での介護」は、彼によってつくりだされた概念である。

一九五〇年代の老人の住宅状況は悪かった。それは、個室制の新しい老人ホームが建てられたとき、それがたいへん魅力的であったことを意味する。そして、多くの者が快適に住むことを望んで老人ホームに列をつくった。こうした状況を何とかするために、特別な年金生活者用アパートを建設したり、気前のよい住宅付加給付を導入したりすることによって住宅状況を改善した。

一九五〇年代には、［こうして充足されてきた］老人ホームでの閉鎖的な老人ケアと、自宅で支援やケアが受けられることを意味する開放的な老人ケアとが区別されはじめた。「老人介護（**äl-**

deringsvård)」の語も再検討され、その言葉は、いまや形を取りはじめたより分化したケアをさす言葉として不十分であると思われたのである。

開放的な老人ケアは急激に拡大した。それ以前には、自発的結社、とりわけ赤十字が（その貢献は微々たるものであったとはいえ）老人に家事支援を行ってきた。一九六〇年代にはコミューンの家事支援が設けられ、その活動は一九七〇年代に確立した。食事をつくったり掃除をすることは、家事支援の重要な職務である。そのほかのサービスのさまざまな形態もまた徐々に設けられていき、フットケア、警報サービス（larmtjänst）、電話サービスなどのシステム（**コラム11**を参照）が導入された。

一九五〇年代以降の時期には、高齢者福祉は二つの主要な方向、すなわち一つは年金システムの改善によって、もう一つは補助金を与えてサービスを改善することによって発展したといえる。後者は、たとえていうと、住宅の基準を引き上げることや補助を与えて低価格でさまざまな形態の住居を選択する可能性をつくりだすことである。その目標とするところは、老人にとっての「貧しきスウェーデン」をなくし、家族に介護やケアを依存することを減らし、それを年金や公共部門のもとで科学的に構築された高齢者福祉に代替することであった。

立法により老人間の経済的格差をなくし、老人が今以上に自分の生活について他者に頼らないようにすることが目指された。つまり、合理的で科学的な観点から高齢者福祉が改革されるべき

COLUMN 10

イヴァール・ロー＝ヨハンソン (Ivar Lo-Johansson,1901～1990)

農業奉公人（statare）の息子としてエスメー（Ösmo）に生まれた。義務教育を終えると、農場労働者となり、その後も、郵便配達、建築労働者などさまざまな職業を転々とした。しかし、余暇を独学に費やし、その結果、いくつかの言語を習得した。一〇代の末に社会民主主義労働運動の青年組織に参加し、新聞や雑誌の編集の仕事に従事するようになった。

Reberg, Arne, Ivar Lo.Stockholm 2001.

一九二五年から四年間、ヨーロッパ各地を遍歴しつつ作家として身を立てる決意を固めた。二六歳のときに、『フランスでの放浪生活（Vagabondliv i Frankrike）』で作家としてデビューした。彼の著作は、自分の生い立ちや職業遍歴から、農業奉公人や労働者、そのほかの社会の底辺に生きる人々を扱ったものが多い。彼の著作が農業奉公人制度の悲惨さを訴えたことは、その制度の廃止（一九四五年）に大きな役割を果したといわれる。

一九三〇年代に労働者階級出身の作家が体験に基づき社会における下層の人々の日常生活を描いた労働者文学（arbetarlitteratur）が勃興したが、彼はその一翼を担った。

一九四九年に出版された『老いること（Ålderdom）』は、彼が全国の老人ホームを訪れたことを基にして書いたルポルタージュである。そこで老人ホームの実態が明らかにされた。たとえば、一九一八年救貧法以後に分離が進

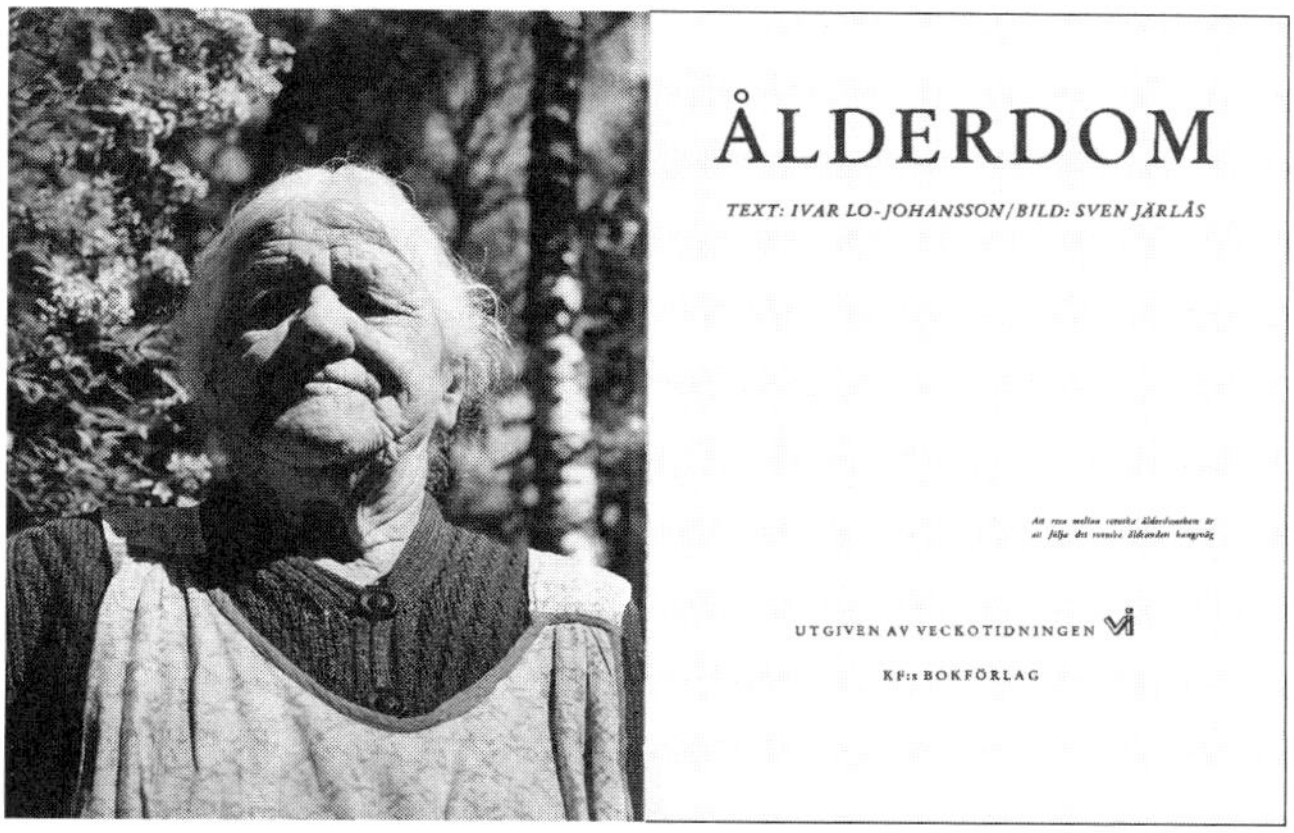

1949年に公刊された『老いること』の見開き

んだはずであるのに、いまだに老人は精神病者、慢性病患者、心身障害者と一緒にケアを受けていた。また、望まないのに強制的に収容される例があるうえ、そこでのケアは権威主義的でかつ過干渉であり、老人は人間としての尊厳が傷つけられ、生きる気力を失っている状況であった。ヨハンソンは、老人ホームで暮らすことは社会から自己を引き離すことを意味するのであり、老人は自己の家にいてこそ人生に意味を見いだすのだと主張した。この著作は、大きな社会的反響を呼び、一九五〇年の総選挙では高齢者福祉が一つの争点ともなった。このことは、それまでの老人ホームでのケアとほとんど同義であった高齢者福祉のあり方が見直され、高齢者福祉の新たな発展の方向性が模索される大きな転機となったと考えられる。

Holmgren, Ola, *Ivar Lo-Johansson*. Stockholm 1998.

COLUMN 11

フットケア・警報サービス…

スウェーデンでは、一九六〇、一九七〇年代に開放的老人ケアを支える社会サービスのさまざまーサージなどをしてもらうサービスである。警報サービスとは、独り暮らしの老人が、何か異変が起きた場合、腕時計型かペンダント型の警報アラームのボタンを押すことでヘルパーなどの支援を求めることができるというサービスである。電話サービスとは、福祉事務所のスタッフが定期的に高齢者に電話をして健康状態を確認するサービスである。このほか、訪問看護、ナイトパトロール、デイセンターへの通所サービス、駅やバス停など公共交通機関までの移送サービスなど独り暮らしの老人でも社会との接点を失わずに安心して生活できるサービスが提供されている。

また、このような社会サービスの実施を、ヘルパーなどの国際的に見て豊富な人的資源に加えて、デイセンターといった補助施設や在宅ケア緊急センターなどからなる二四時間対応しうる在宅介護システムといった制度的基盤の存在が可能としている。

奥村芳孝『スウェーデンの高齢者福祉最前線』筒井書房（二〇〇〇年）第六章を参照。スウェーデンの福祉用語については、大阪外語大学デンマーク語・スウェーデン語研究室編『スウェーデン・デンマーク福祉用語小辞典』早稲田大学出版部（二〇〇一年）が便利である。

であった。また、老人介護についての正しい知識を獲得する重要性が強調された。一九五〇年代には、そのために老人の生活状況についての最初のインタビュー調査が行われた。国家の公的調査報告である「ＳＯＵ」[14]（一九五六年、第一巻）では、「社会による老人介護が合目的な形をとるためには、すべての領域での方策が科学的根拠に基づいていることが望ましい」と指摘された。高齢者福祉における実行プログラムは、とりわけ先に述べた理由から、国家による調査、法律、そして中央の決定を実行するためのコミューンへの〔国家からの〕補助金によってコントロールされた。

一九五〇年から一九九〇年の時期には、社会が高齢者福祉にコミットする規模は加速的に拡大した。それは、とくに付加年金改革によって年金システムにも、公的な社会サービスの実施の増加によって対人（fysisk）的高齢者福祉にも当てはまる。拡大は、老人人口の増加によってもっとも明らかに強められた。八〇歳以上の老人の数は、一九五〇年から一九九〇年の時期に三倍以上になり、高齢者福祉のために使われた公的費用はそれにともなってうなぎ登りとなった。

しかし、現在、高齢者福祉のあり様は変化しつつあり、その行方はなお定かではないように思われる。高齢者福祉を分権化しようとする努力の背景には、福祉を必要とするすべての老人が、自身が現行の高齢者福祉のなかで望んでいる福祉の形態や実践を選べるわけではないという洞察がある。今日の年金生活者は、かつてそのように理解されたほどには均質なグループではない。

---

(14)　国家の公的調査報告（Statens Offentliga Utredningar）の略。一九二二年から各種調査委員会の報告書、提案などは、SOUの名のもとに統一して年度別に通し番号をつけて公刊されることとなった。

多様化したニーズが高齢者福祉にたいするますます異なる需要を生み、そのことがいっそうさまざまな解決のあり様を求めるのである。こうした多様性により、社会は、今日のニーズに関しても、将来の相対的に所得のある年金生活者における潜在的な需要にたいしても、中央から計画することがますます困難になっているように見える。

高齢者福祉において、さまざまな対立が潜んでいる。たとえば、公的なサービスによるのか民間のサービスによるのか、料金によって財政を支えるサービスか税によって財政を支えるサービスか、普遍的な福祉政策を取るのか選択的な福祉政策を取るのか、異なる価値観をもつ世代の間でどちらを優先させるかといった対立である。これらの対立が一九九〇年代に顕在化し、少なからず資源が希少となりはじめた結果として、高齢者福祉をめぐる緊張関係がつくりだされている。老人の増加が福祉の負担を増大させていることはいうまでもないが、高齢者福祉が社会サービスにたいする新しいさまざまなニーズに対応する能力に不足していることがますます明らかとなっている。

また、コミューンの経済的な状況がさまざまな利害の間に緊迫した関係を生み出しているといえる。というのも、何かが新しく設けられたり拡大されたりすれば、ほかの何かが廃止されたり削られたりするからである。(原註11)

二〇世紀の団塊の世代と二一世紀の展望

一九五〇年から二〇〇〇年までの間にスウェーデンの人口は一八〇万人、すなわち約二五パーセント増加する（**表2－4**を見よ）と見積もられるが、それは一九世紀と比較すると著しくゆっくりとした増加速度である。二〇世紀の前半では、人口増加は何より工業における労働者や職員のグループに起こった。しかし、一九四〇年代に生まれた団塊の世代はこうしたパターンを打ち破った。

一九六〇年代以降、人口増加は、研究職、公務員、事務技術者（kontorstekniska yrken）で起こった。二〇世紀の団塊の世代である一九四〇年代生まれの者は、教育爆発を引き起こしたのである。一〇年間に、その世代の平均教育期間は先行する世代に比して二年高まった。一九六〇年代と、とりわけ一九七〇年代には、公共セクターの急激な膨張が生じた。団塊の世代のうちの大部分が、そこに働く場所を見いだしている。（原註12）

一九四〇年代生まれのような団塊の世代は、社会や諸制度を自己の価値観や能力に従ってつくり変えていくという特別な課題を負っている。たとえば、自分の子どもや孫たちのための学校や、自分たちよりも若い労働者のための労働生活、そして自分たちのための高齢者福祉である。二〇世紀の団塊の世代は、現在四〇歳から五〇歳の間である。人生の半ば、労働生活の半ばにあって、彼らは社会の何を改革していくのであろうか。また、彼らは高齢者福祉に如何に影響を与えてどのように変えていくのであろうか。一九四〇年代生まれの者は、何について議論することを望み、何について議論することが必要となるのであろうか。

第3章 未来

（写真提供：松岡洋子）

◆歴史におけるパターン

この章では、歴史から何を学べるかについて若干考察していくこととする。そこにはどのようなパターンが現れ、未来を前にしての選択においてわれわれは何に注意すべきなのであろうか。高齢者福祉の確固としたシステム、すなわち十分長く安定した老後の生活を維持していけるシステムを構築するためには、いったいわれわれはどのようにしたらよいのであろうか。

これは、決してゼロサムゲームではない。ある程度の経済発展を実現する選択肢を選ぶならば、ほかの選択肢よりも高い経済成長に基づいてより多くの消費にたいする余地が生ずるからである。今、もし老人にたくさんの所得移転をするならば、未来において移転を増やす可能性は少なくなる。今日の決定は、ずっと時間的に先に影響を与えるのである。社会における投資が、より高い経済成長や分配されるべきより大きな「パイ」の形で配当をもたらすのには恐らく一五年か二五年はかかるだろう。

高齢者福祉の歴史的展開にはパターンがある。それを研究する理由があり、それは未来にとって非常に意味があるであろう。われわれが見いだしたパターンは、人口発展、経済、政治、文化、イデオロギー、諸制度にかかわるものである。

人口発展の高齢者福祉にたいしてもつ意味については、歴史を扱った部分で議論した。年齢構造は、〔人口における老人の割合が増大した場合〕資源不足の状況が発生することにも、問題解決に際してどのような議論が用いられるかにも影響を与える。

高齢者福祉の発展には明らかな経済的パターンがある。老人の数が増加したり、あるいはますます高齢化したりすれば扶養負担が増大する。それに比べれば明白なことではないが、経済的転換期で人々が豊かになっているときには、たとえば年金を改善したり、年金受給年齢を引き下げたり、諸サービスに補助金を与えたりする形で老人問題に強力にコミットしていく傾向がある。というのも、そうしたコミットメントは、急速に変化する労働市場から老人が排除されることによっても、経済成長のために年金システムを改善する可能性が生まれたことによっても促されるからである。恐らく、その逆も妥当する。つまり、不況のときには、老人はほかのグループよりも厳しい打撃を受けるのである。

政治的パターンも存在する。というのも、高齢者福祉の諸問題は、老人が多くなったり長く生きるようになったりしたことばかりではなく、政治においてよりいっそう大きな権力要因となってきたことによって重要性を増すからである。スウェーデンの有権者における老人の割合は、この二〇〇〇年の間にわたって恒常的に増加し、これからも増え続けることになる。もし、本来そうであったのとは異なり、現在の選挙権規定を適用するとすれば、一八八〇年に有権者の約一〇パーセントが、一九〇〇年には約一四パーセント、一九九〇年には約二〇パーセント、二〇二五年には約二五パーセントとなる。この票の力は、政権をとろうとするいかなる政治運動も無視しえない。

老いることには確立した文化的パターンが存在する。現行の文化的パターンに従えば、年金生活者は年老いた者と見なされる。この年老いた者は、自分の役割をきちんとこなして「国民の家」を打ち立ててきたのであり、引退生活を楽しみ、死を安らかに待つことができるような年金を受け取って当然である。また、そうした年金生活者の体調が悪くなれば、万人が受けられ、万人にとって平等であり、非常に高い水準であるが受給者の経済的負担がほとんどない社会が担うケアや介護が施されることとなる。

イデオロギーは家族をめぐって紛糾する。この五〇、六〇年間、スウェーデンの政治的シーンを支配してきた社会主義にインスピレーションを得たイデオロギーは、老後の生活にたいしては社会が責任をもっていると考える。つまり、老人の生活を確かなものとし、その経済状況および介護やケアのニーズを保障するための、普遍的、集団的かつ公的なシステムが存在すべきであるとする。これにたいして、一九八〇年代に世論形成においてますます影響力を増してきたより保守的な思考をもつイデオロギーは、家族を老人にとって自然な制度であると見なす。それは、年金の基礎が大部分の個人の貯蓄であるような、経済のより私的な調整を選好していくことを意味する。それはまた、ケアや介護においてより多様性や選択の自由をもたらすと期待される、主に民間のサービス活動からなる高齢者福祉を求めることでもある。

レトリックにおいては、自己の年金で自由に高齢者福祉を選択するという基本的な考えでは政政治的イデオロギー間に大きな違いは認められない。しかし、財政的にどうするかとか、どのように実施していくかとかの議論の詳細を見ると、イデオロギーは大きな意味をもつ。それゆえ具体的な政策では、それぞれの政党がどのような財政システムあるいは実践形態を主張するのかには通常大きな違いが出てくる。二〇世紀において、三つの時点でスウェーデンの高齢者福祉のイデオロギーにおける明確な転換があったことが指摘できる。

❶先に言及したように、世紀のまさに初め、長期にわたる広範な社会的論争の結果、一般年金の改革とコミューンによる老人ホームの設立義務の決定があった。

❷一九五〇年ころには、いわゆる家庭介護イデオロギー（hemmaboendeideologin）が広まり、一般付加年金をめぐる新しい年金改革が激しい政治的対立の末に決定された。

❸一九八〇年代末には、年金システムと高齢者福祉のあり方がますます強く疑問視されるようになった。年金生活者や老人の数が増大したことが、コミューンによる高齢者福祉における諸資源の不足の兆候や年金システムにおける財政困難をもたらし、社会経済的により効率的な解決の必要性を顕在化させたのである。一九八〇年代にはじまった議論は、一九九〇年代の初めに、

とくにいわゆるエーデル改革や付加年金システムの一部の改革につながった。

高齢者福祉の歴史において、さまざまな制度が財政的にどのように支えるのかについても、具体的な介護やケアのあり方についても次々と交替した。すなわち、家族と教会、家族と国家、家族とコミューンである。ある制度が、もはや高齢者福祉の諸活動を財政的にも支えられなくなり実行もできなくなると、その責任はほかの制度に引き継がれた。家族という制度は、それ自身、歴史を通じて不変であり同じ制度であるとは見なせないのであるが、それを補完するためには何らかのタイプの集団的な制度が必要であったと考えられる。

諸制度は、高齢者福祉が経済的に成り立つためにさまざまな生産要因、土地や労働、資本などに依存していることの実際における現れである。つまり、土地を得れば扶養される可能性が、働けば年金を受ける可能性が、貯金すればそこから利子・配当を得る可能性が出てくるのである。その際、高齢者福祉を財政的に支えるために必要な経済的制度、装置および調整は相互に区別される。たとえば、隠居契約は法的な譲渡契約や登録裁判所と、年金は基金または社会契約と、利子・配当は株式、債券、金融諸制度と、共通性をもつものとして区分されうるのである。

要約すると、歴史を扱った章からスウェーデンにおける高齢者福祉に関して以下のようなパターンが読み取れる。

❶老人が増えてより高齢となると、介護やケアのニーズが増大する。
❷老人はますます有権者に占める比重を高め、それにともなって政治的に利害をもつようになる。
❸安定して長続きする年金システムを維持することは難しい。
❹家族は、高齢者福祉を担う唯一の資源としては不十分である。集団的な福祉の形態が必要とされる。
❺高齢者福祉のための集団的な諸制度は次々と交替する。
❻高齢者福祉における新しい文化パターンが知覚されはじめており、年金によって自立して自由に選べる福祉が受けられるべきとされる。
❼イデオロギー的な諸側面は、老人の文化パターンには反映されないが、高齢者福祉を財政的に支えるあり方や実践、すなわち福祉の形態にはよく現れる。

◇ 変化する福祉

それでは、未来を前にして何を議論する必要があるのであろうか。配慮すべき決定的に重要な要因とは何であろうか。

表3－1における工・手工業の項目を見ると、一九六〇年代半ばから工業就業者数が減少していることがわかる。このように、工業における就業者数が増加しなくなるということは、いわゆるポスト産業社会への移行を指し示す。

ポスト産業社会の特徴は、一つには商業や公共セクターでの就業者数の動向でも読み取れる。これらの産業部門は、一九五〇年代以降に大きく発展している。一九七〇年代における公共セクターの就業者数の増大はとりわけ急で、ほとんど爆発的ともいえる。公共セクターにおける発展は、スウェーデンにおける労働力の大部分にとって、労働の内容が商品生産からサービス生産に移っていることを反映している。公共セクターにおける大方の労働力は、コミューンの諸活動に雇用されている。

一九九三年の統計年鑑（**statistisk årsbok**）によれば、一九九一年に公共セクターにおいて雇用されている一七〇万人のうち一三〇万人はコミューンに雇われていることが見いだせる。基礎コミューンのセクターに雇用されているのが八六万人、ランスティングが約四〇万人、教会コミューンが約四万人である（**コラム12**を参照）。本来のコミューンに雇用されている者の大部分は、保育、学校、高齢者福祉で働いており、ランスティングで雇用されている者の大部分は医療で働いている。

表3－1には、二〇二五年の予測もある。その予測で興味深いのは、たとえばこの表において、

分類がかなり恣意的なものであり、表の内容が必然的に時期を通じて変わることである。われわれの推測によれば、二〇二五年には今日用いている産業の分類に四〇パーセントが当てはまらなくなる。新しいカテゴリーとして、たとえば民間の学校、大学、研究機関などの営みが挙げられる。また、新しい医療や高齢者福祉の形態や娯楽、情報サービスなどもそうなりうる。それらは、

COLUMN 12

基礎コミューン（primärkommun）、教会コミューン（kyrklig kommun）

コミューンを地方自治体の一般的な名称とする場合があり、その際、いくつかのコミューンを包摂するランスティングを「二次コミューン（sekundärkommmun）」と位置づけるのにたいし、通常のいわゆるコミューンを「基礎コミューン」と呼ぶ。一方、一八六二年のコミューン諸法で、それまで地方自治の基礎的な単位であった教区（socken）がコミューンに再編されたのであるが、それは、世俗の問題を扱う市民的コミューン（borgerlig komuun）と教会および初等教育の問題を扱う教会コミューンという二つの部分から構成されていた。それまでの教区と比較してみると、教会が担当する領域から一般に公共の問題とされるものが離脱し、宗教的な問題や初等教育のみが残されたわけである。その後も、教会の守備範囲はますます削られていった。

ここでの基礎コミューンとは、ランスティングと区別される基礎的な地方自治体の意味とともに、コミューン諸法でいう教区コミューンと区別される市民コミューンを指す。

アグネ・グスタフソン『スウェーデンの地方自治』早稲田大学出版部、二〇〇〇年、第一章を参照。

表3－1　1870年から1989年までのスウェーデンにおける産業部門別の就業人口および2025年についての予測

年	全就業人口(単位：1,000人)	そのうち女性(単位：1,000人)	各産業部門の割合(%)					
			農業・林業	工・手工業	商業	交通	公的事業(公共セクター)	今日知られていない産業
1870	1,461	416	77	13	3	2	5	--
1880	1,624	450	72	16	4	3	5	--
1890	1,731	477	69	19	4	3	5	--
1900	1,942	531	62	24	5	4	5	--
1910	2,169	596	56	27	7	5	5	--
1920	2,602	775	48	31	9	6	6	--
1930	2,895	898	43	33	12	6	6	--
1940	3,001	810	34	37	14	7	8	--
1950	3,104	819	24	41	16	8	11	--
1960	3,244	966	17	46	16	7	14	--
1970	3,413	1,207	9	44	19	7	21	--
1980	4,162	1,748	5	33	20	7	35	--
—	—	—	—	—	—	—	—	--
1989	4,466	2,140	3.6	29.4	23.0	7.0	37.0	--
1990	4,508	2,162	3.3	29.2	23.0	7.0	37.5	--
1991	4,430	2,132	3.2	28.3	23.1	7.2	38.2	--
—	—	—	—	—	—	—	—	--
2025	4,800	2,400	3	9	30	8	10	40

（出典）Sten Carlsson, *Svensk historia*, sid.362, を *Statistisk Årsbok 1990-1993*, SCB と *prognos för befolkningen 2025*, SCB で補足。

ゆっくりと成長するポスト産業社会にかかわる産業なのである。

ポスト産業社会の特徴は、伝統的な工業労働が支配的な職業でなくなることである。その代わりに、一部には今日すでに存在する情報技術や生産の自動化の知識を出発点として新しい生産システムや生産方式が成長し、引き続き情報技術や生産の自動化の活用領域が拡大する。恐らく、生産や市場の開発においてのみならず、環境保全や平和活動における知識の発展や知識の利用も拡大する活用領域となる。興味深いことに、高齢者福祉のあり方もこのことに配慮せねばならない。今日、第一線で働く者もすでに今から自身の老後の準備をせねばならないことから見て、福祉をどのように財政的に支えるかという問題および検討すべき時間の範囲は、自身が老後を迎えている二〇二五年の時点までは延びねばならない。

高齢者福祉は、社会のほとんどの者がかかわる複雑な歴史である。高齢者福祉の根幹は年金システムである。今日、人口のうち働いている部分が老人に年金を支払うシステムとなっている。このシステムは、さまざまな年齢グループの大きさを考慮せずに構築されており、そのことが年齢グループ間に大きな所得再分配効果をもたらしている。さらに、年金システムの基礎となっている（社会）契約の破棄を望むことになるような価値観の変化にも配慮していない。その結果、契約破棄は、ある年齢グループにたいする裏切りであったり、ある世代にたいする別の世代の裏切り行為となる。それゆえ、年金システムは、進行している付加年金システムの改革にもかかわらず

表3－2　1870年から1980年までの都市および人口密集地における人口

年	人口密集地（及び都市）に住むもの（単位：1000人）	その全人口に占める割合（%）
1880	700	13.2
1890	910	15.4
1900	1,449	28.2
1910	1,879	34.0
1920	2,672	45.2
1930	2,978	48.5
1940	3,581	56.2
1950	4,659	66.2
1960	5,452	72.7
1970	6,577	81.4
1980	6,914	83.1
1990	7,162	83.4

（出典）Erland Hofsten, *Svensk befolkningshistoria*, sid 87, Rabén & Sjögren, Stockholm 1986 ; *Statistisk Årsbok*, SCB.

不安定なもので、さらなる改革が必要であると見なされる。というのも、次の世紀の初めには、老後を前にして一九四〇年代生まれの団塊の世代が自己の年金を確保することを望むからである。(原註13)

もう一つの根幹は、コミューンによる高齢者福祉である。今日では、組織の変化の影響を受けている。近年、エーデル改革が実行されたが、それはランスティングの老人介護の大部分がコミューンに移ることを意味する。多くのコミューンは、ケアをより効率的にするために内部の組織改革を行っている。われわれは、これまでその改革の効果についてはほとんど知らない。(原註14)

表3－2でわかるように、密集地への人口移動や密集地の成長は第二次世界大戦後から続いているが、増加速度は一九六〇年代半ばから低下している。このことは、社会における根本的な性格の変化にかかわっているのであり、それは高齢者福祉の諸前提にも多大な影響を与えることに

なろうと考えられる。(原註15)

もし、国内の人口移動が、現在もそうであるように減少するか低レベルを維持するならば、そのこと(移動性の減少)は、家族や親類、友人がより多くの責任をもつことによって高齢者福祉がこれまでとはまったく異なった形で行われうることを意味する。新しい文化パターンが、都市地域および新しいより広い家族概念と結び付いて生成してくる可能性がある。(原註16)

一九三〇年以後、スウェーデンは純人口流入国となった。しかし、入ってくる移民数が大きな規模となったのは一九五〇年以降が初めてであった。北欧の隣国やドイツが移民の大半を占めたが、少なからずギリシア、ユーゴスラビア、イラン、チリなどからもやって来た。移民の異なる文化パターンに高齢者福祉を適応しなければならないということは、新しい挑戦を意味することでもある。(原註17)

九〇歳以上の老人においては、すべての女性の九〇パーセントが何らかの形の介護やケアを受けている。男性については約八三パーセントである。八五歳から八九歳までの老人の場合は、女性の七〇パーセントと男性の五九パーセントが何らかの介護やケアを受けている。このように、年齢が下がるに従ってケアの頻度は下がり、六五歳から七四歳までの場合は男女とも約七パーセントでしかない。

ケアの必要性は、受けている人数で測っても、かかるコストで測っても、明らかに年齢の上昇と密接にかかわっている。それゆえ、年齢が高くなるほど多くの老人がケアを必要とし、介護やケアのコストの上昇につながるわけである。もちろん、それは老いることの生理にかかわっている。つまり、年齢が高くなると病気の数は多くなるし、自分の状況を処理する能力は減退するからである。

高年齢層における介護やケアの頻度に関する男女差は、結婚時の年齢差による。というのも、女性は男性よりも結婚年齢が低く、老後に単身で過ごす時間が長くなるため、公的な介護やケアに依存しがちなのである。また、それは寿命の差にもよる。女性は男性に比べて平均寿命が長く、それだけ介護に依存する年数も多くなるからである(原註18)。

一九六〇、一九七〇、一九八〇年代と、労働力に占める女性の割合は、**表3-1**に見るように恒常的にかつ急激に増大してきた。一九九〇年にはほとんど五〇パーセントに近づいている。つまり、男性も女性もほぼ同じ人数が働いているのであり、それに従って両性の就業度は約八二パーセントとなった。このことは、およそ一九五〇年以後のその現代的確立期において高齢者福祉に大きな意味をもった。女性労働力が介護やケア労働に職を求めたため高齢者福祉の確立が可能となったのである。しかし、引き続き高齢者福祉のニーズが増大する未来において何らこれ以上に供給されるべき労働予備軍は存在せず、そのことはすでに、一九九〇年代末には高齢者福祉における労働力不足を生み出すことになる(原註19)。

われわれの生活および文化パターンは、時代とともに徐々に変化している。大雑把に単純化すると、今日、三つの生活形態を区別しうる。すなわち、自立型生活形態（självständighetslivs-form）、賃労働者型生活形態（lönearbetarlivsform）、そしてキャリア型生活形態（karriärlivs-form）である。生活形態は時代を通じて変化してきたのであり、それにともなって労働、余暇、個人および集団などにたいする見方も変わってきた。自立型生活形態は、農民、漁師そして小企業家などの職業と結び付いている。スウェーデンにおいて工業化の勃興以前には、八〇パーセント以上がこの生活形態において暮らしていた。自立型生活形態は、強固な家族・親族関係を擁し、世代間で継承される職業をもつ一つの文化パターンである。今日、労働力のおよそ一〇から一五パーセントが、この生活形態やそれと結び付いた文化パターンの担い手でしかない。

今日、労働力の七〇から七五パーセントを包摂する賃労働者型生活形態においては、労働と余暇の間に明確な境界が存在する。階層的に構築されたシステムで働き、わずかな程度しか自己の労働状況に影響を及ばせない。集団的な形態と物質主義的な価値観がこの生活形態の文化パターンに大きな意味をもっている。

キャリア型生活形態は、たとえば、実業界、自由業や研究、政治の世界などにおけるたくさんの多様な諸活動に存在する。この生活形態は、一九九〇年代初めに労働力の一〇から二〇パーセントを特徴づけると想定される。そして、この割合は、未来において増加すると考えられている。

実際、一九六〇年代初め以来の知識や情報を処理することの急速な発展が、キャリア型生活形態の急速な成長の基礎となっている。つまり、知識企業の成長や労働生活の分権化が労働力にたいする新しい要求につながったわけである。

キャリア型生活形態では、労働が余暇を犠牲にして拡大することになる。キャリア型生活形態は賃労働者型生活形態の一種であるが、各個人はそれほどには階層的に組織されていないが、自己の労働状況にたいしてより大きな影響力をもっている。また、キャリア型生活形態は成功を求めて努力をするわけだが、それは必ずしも経済的な意味のものではなく、昇進や社会的プレステージ、自己実現などの形での成功である。

未来の高齢者福祉は、こうした非常にさまざまな生活形態および文化パターンの存在を、どのように財政的に支えていくかということでも、また具体的な活動においても考慮しなければならない。(原註20)

一人当たりのGNPで測ると、今日、各個人は一九世紀の末に比して一〇倍近くの財やサービスを消費している。今日では、生産力増大の果実は、住宅の改善、食生活の水準の向上、教育の改善、コミュニケーションの迅速化、そして少なからず公共の医療や高齢者福祉の力強い発展といった形で享受されている。物質的富裕さはまた、余暇生活を豊かにし、労働時間を減少させるという余裕を生みだしてきた。

表３－３　年齢グループ別に配分される公共支出。
人口（単位：1,000人）・**支出**（単位：10億クローネ）

年齢	1983年		1993年		2005年		2025年	
	人口数	公共支出	人口数	公共支出	人口数	公共支出	人口数	公共支出
0～19	2,141	147	2,152	148	2,312	159	2,279	157
20～64	4,779	208	5,036	220	5,233	228	5,290	230
65～79	1,117	145	1,136	148	1,056	137	1,340	172
80～	293	75	399	102	472	121	538	138
計	8,330	575	8,723	618	9,073	645	9,447	697

一人当たりの支出は、一律に1990年の物価水準で計算されており、その時の０歳から19歳までの年齢グループは68,800クローネ、20歳から64歳までは43,600クローネ、65歳から79歳までは130,000クローネ、80歳以上が256,000クローネであった。年齢グループは、1983年、1993年、2005年、2025年時のものを想定している。

（出典）表２－１と同様。SCB（中央統計局 Statistiska centralbyrån）の発行する歴史統計および人口予測

一九七〇年代初め以降、スウェーデンの経済成長は停滞した。スウェーデンはもはや、もっとも急速に経済発展を遂げている国のなかには入っていない。ＧＮＰの成長は二パーセントより若干下回るようになり、一九九一年から一九九三年にはマイナスであった。低成長が続くと、高齢者福祉の実践においても、それを財政的に支えることにおいても、次第に深刻な結果がもたらされるようになる。高齢者福祉において今日の質を維持することは難しくなり、現行のシステムを量的にも質的にも拡大していくことは不可能になる。(原註21)

歴史を扱ったところで、公的財政による扶養負担は大きく年齢に左右されることを見た（七二ページ参照）。**表３－３**の数字

によれば、八〇歳以上の個人には、二〇歳から六四歳までの個人にたいして五倍の大きさの公共支出がなされている。それゆえ、未来にとって重要な問題は、公的消費および公的移転による老人への所得移転が変化していくかどうかということである。容易にわかるように、現行のルールおよびシステムにおいては、老人の数が増えると人口学的要因は老人への所得移転の増大につながることになる。

表3―3では、もし一人当たりの公共支出の年齢による配分と大きさを一九九〇年の価値で測るとすると、その額は一九八三年の五七五〇億クローネから二〇二五年の六九七〇億クローネと増大することを示す。したがって公共支出は、人口学的影響を受けて、一九八三年から二〇二五年の時期におよそ二五パーセント、一年当たりにして約〇・五パーセント増加すると計算される。それゆえ、二〇〇五年や二〇二五年には扶養負担は一九九三年よりも著しく大きくなる。というのも、老人の数が多くなるばかりでなく、人口構成上の比率が高くなるからである。

未来におけるパターン

今日、スウェーデンにおいて誰もが飢餓に苦しむ必要はない。もちろん、それは老人とて同様である。われわれの社会があまりにも豊かであることが、われわれがこれまで見てきた歴史において、以前の状況から今日の状況を鋭く区別している。可能性として悪化するであろうと恐れる状況にたいするオルタナティヴよりも、切実に満ち足りないと感じている状況にたいするオルタナティヴを未来像として形づくるほうが容易である。それゆえ、未来像は、たいていはそれを提示する者の未来にたいするファンタジーを表現することになる。われわれは、以下においてもこれまでの材料を、未来の高齢者福祉において予想され合理的である変化についての議論にも利用することとする。

われわれの直面する課題に従って、高齢者福祉をおおよそ四つの領域に区分する。第一に国民年金、付加年金を含む年金システムである。第二の領域は、一連の活動やサービスを行うコミューンのもとでの高齢者福祉である。第三の領域は、ランスティングによって行われ、スウェーデンでは相対的に老人介護に比重が置かれている医療である。第四の領域は、親族、とりわけ女性によって自発的に担われており、広範で計測しがたい高齢者福祉の民間セクターである。

ここでは主に、最初の三つの領域について議論していくこととする。

◇一九九四年から二〇〇五年の高齢者福祉

図3－1でわかるように、人口の年齢構造は、二一世紀初めに今日われわれが抱えている問題をいっそう深刻にする。二〇〇五年と一九九〇年を比較して、それぞれの年齢の男女がどれだけ増減しているかは図を見れば一目瞭然である。たとえば、二〇〇五年までに四〇歳から四五歳までの各年齢の者は約四〇〇〇人減少する。そして、人口における八〇歳以上の者がさらに増えることもわかる。たとえば、八五歳から八九歳までの各年齢の者は九〇〇〇人強増え、八五歳から八九歳までの年齢グループは全体で四万五〇〇〇人余り増加するのである。このことは、高齢者福祉にたいする圧力が増大することを意味する。二〇〇五年までの五〇歳から六五歳までの年齢グループの大幅な増加は、二〇〇五年から二〇二五年の時期にはじわじわと年金システムやケアのあり方に著しい結果をもたらすこととなる。

先に指摘したように、老人の数が増えることは広範な領域で高齢者福祉にたいする公共支出の増大につながる。たとえば、スウェーデンの総医療コストに占める老人を対象とする割合が急激に増加することが見積もられている。一九八三年に八〇歳以上の年齢グループは、総人口の三・五パーセントであった。彼らは、医療コストの一九パーセントを消費した。二〇〇五年には、人

図３－１　1990年と2005年の両時点を比較した場合の各年齢での人口増減

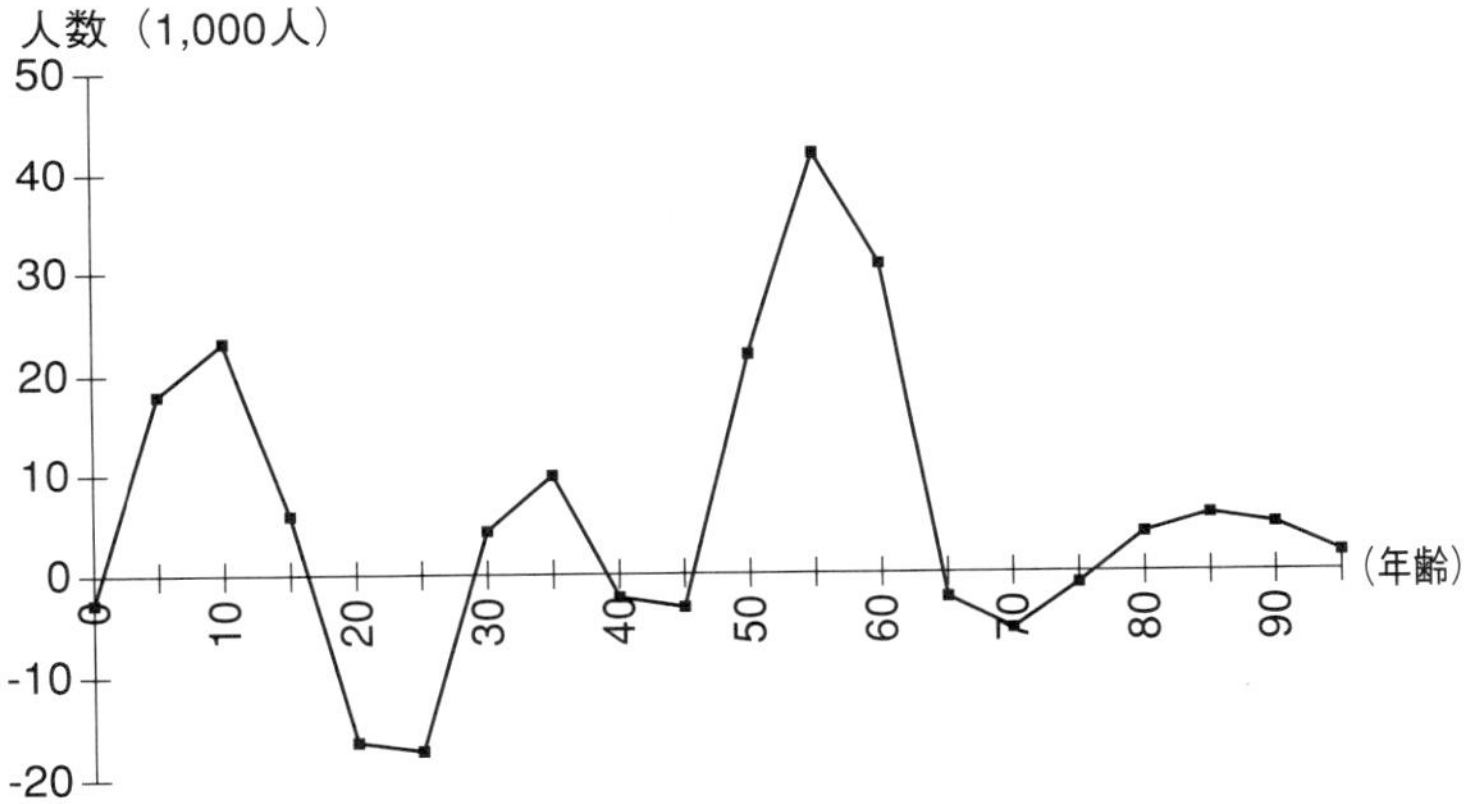

（出典）*Befolkningsprognos 1994-2025, Huvudalternativet*, SCB 1994.

口の六・五パーセントを老人が占めることになる。そのときには、恐らく総医療コストの三〇パーセント以上を要求するようになるであろう。

多くのコミューンがとりわけ痴呆老人の介護の急増を見積もっているが、そのことは、コミューンの高齢者福祉においてもっとも人手がいる部分で人員のニーズが増大することを意味する。他方、七〇歳から七五歳の年金生活者が六五歳から六九歳までのより若い年金生活者と同様にこの期間に一時期減少するが、それにより、ある年齢グループについてはケアのニーズが軽減しうることが**図３－１**からわかる。[原註22]

六五歳から七五歳までの年金生活者の減少のため、二〇〇五年までの時期に年金システムは何ら大きな人口学的な圧力に晒されないと結論できる。他方では、満額の付加年金を受ける年金生活者の数が一九九〇年代に急増しているが、それはこの時期に年金システムが継続的に経済的な圧力を受けることを意味する。

一つの重要な経済的な側面は、ここ二〇年の間に就業年齢の人々から年金生活者への購買力の大きな移転が起こることである。計算によれば、老齢年金の平均額は、一九七〇年には就業者の平均賃金の三〇パーセントをいくらか超えた額にすぎなかったが、勤務補足年金(1)を含めて今日では六五パーセントまで上昇した。低経済成長を想定すると、もし年金システムが変わらなければ、平均的な年金生活者の所得は就業者の平均所得を徐々に凌駕する可能性がある。年金システムは一九九〇年代に改革されるので、年金生活者の所得上昇の動きは弱まるようになるかもしれない。しかし、老人における購買力の増加がもたらす一つの帰結は、将来、老人医療のみならず介護やケアに対する需要が一般的に増大することである(原註23)。

年金システムを意図した高齢者福祉の改革は、何より経済的な判断によって進められている。こうした年金システムの判断は主として長期的に影響をもたらすのであって、一九九三年から二〇〇五年の間にはほとんど作用することはない。

二〇〇五年までの時期についても、二〇二五年までの時期についても、年金生活者の所得の変化を総体的に見積もったものはない。それゆえ、年金生活者の所得が増加することによってさまざまな形態の高齢者福祉にどのような改革の圧力がかかるかは、予測しがたいとはいえ著しいものであると思われる。

最後に、**図3-1**から八〇歳以上の年齢グループが二〇〇五年までに急に増えていることがわかる。コミューンとランスティングにおける高齢者福祉は、そのようにこの時期に引き続いて人口学的な圧力に晒される。老人介護やケアへの圧力の増大が、ランスティングやコミューンにおける老人ケアに関する組織と活動を合理化することを意図した、ほかならぬエーデル改革につながった。この改革は、主に長期の医療をランスティングからコミューンに移すことで実行された。

コミューンが、人口学的な圧力がもっとも大きい医療の一部を引き受けたことがもたらす問題を自身で処理できるかどうかは不確かである。コミューンに移った老人医療は、人口学的圧力により、既存のコミューンによる高齢者福祉とあわせて二〇〇五年までの時期に年二パーセントないし三パーセントの負担増加をもたらすであろう。税収が停滞もしくは減少している経済状況においては、人口学的圧力から導かれた上記の計算によって示されるコミューンの高齢者福祉の拡大を支えることは非常に困難となりえる。それゆえ、来る一〇年の間に老人介護とケアのあり方

---

(1) (tjänstepension) 国民年金および一般付加年金に加えて、就業時の給与に基づいて支払われる補足年金。この制度は国家の制度ではなく、団体協約に基づいて成立したものである。

が構造的に変革されることがなければ、エーデル改革によっても状況が改善しないと信ずる理由がある。(原註24)

◇二〇〇五年から二〇二五年までの高齢者福祉

二〇二五年まで視野を広げてみると、高齢者福祉への人口学的な圧力はいっそう強まる。一九四〇年代生まれの団塊の世代は、二〇二五年には七五歳から八五歳になる。そのことは、**図3－2**で見るように、先に予測した二〇〇五年までの時期に比しても人口に占める老人の割合が増加することを意味する。また、**図3－1**と同様に、二〇〇五年に比して二〇二五年にはそれぞれの年齢がどれだけ増減するかが示されている。さらに詳しく見ると、八〇歳以上の老人の数が増え、さらに七〇歳から七九歳の年齢グループが急増し、六五歳から六九歳のグループは若干増であることがわかる。要約すれば、こうした二〇二五年までの展開は、人口学的な圧力が二〇〇五年までの時期よりもいっそう強力となり、年金、介護やケア、医療といった高齢者福祉のすべての領域に重くのしかかってくることを意味する。

さらに**図3－2**からわかることは、一九四〇年代生まれの者が年金生活者となっていくため、

図３－２　2005年と2025年の両時点を比較した場合の各年齢での人口の増減

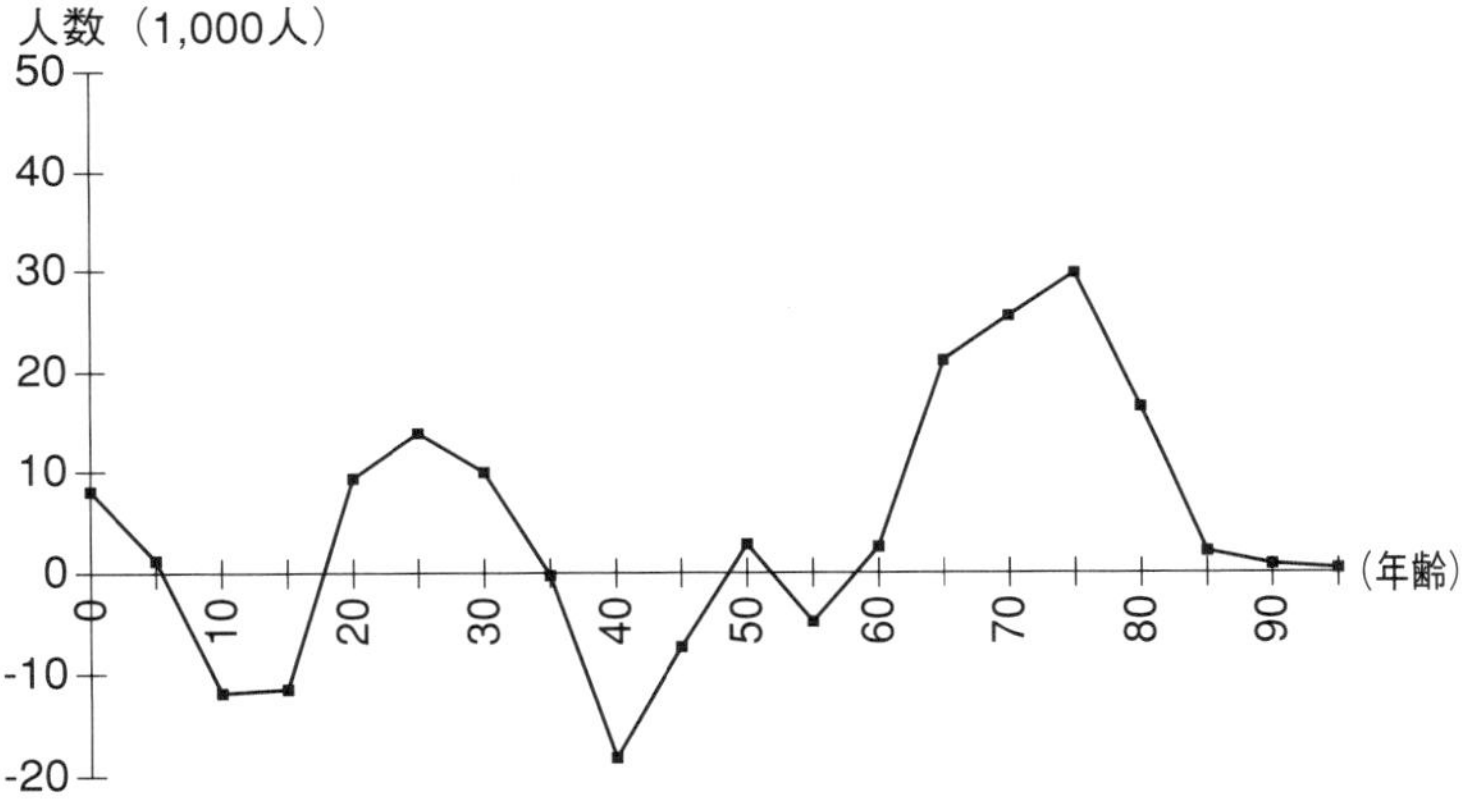

（出典）*Befolkningsprognos 1994-2025, Huvudalternativet*, SCB.

二〇〇五年から二〇二五年までのすべての期間において、年金システムにたいする人口学的な圧力が増大することである。年金生活者の総数は、この時期すべてにわたって常に増加していくのである。しかし、同期間では、コミューンによる高齢者福祉と老人にたいする医療の負担は若干減少する。一九九〇年代末には比較的若い年金生活者の数が減るので、二一世紀初めにはもっとも年をとった八〇歳以上の層にたいする介護やケアの圧力は弱まる。とはいえ、二〇二五年に近づくと再び増加する。というのも、一九四〇年代生まれの団塊の世代が八〇歳以上となるからである。

二一世紀前半は、新しい人口学的社会がやって来る。老人、大人、子どもの間の数的関係は、歴史上、それ以前のどの時期と比べてもまったく異なってくる。一九〇〇年から二〇〇〇年まで、各年齢グループの人数が年金世代に至るまでほとんど同様であったので、人口のピラミッドは長方形に近かった。それが二一世紀初めには、老人の数や人口に占める老人の割合は、人口統計史上、それ以前のどの例よりも大きくなり、こうした関係がさらに継続的に進行していく。

高齢者福祉における改革もまた継続的に進んできた。しかし、改革は、大きな欠陥が明確となり、問題が緊急なものとなって初めて少しずつ進むという印象を受けることがしばしばである。とはいえ、一九五〇年から一九八〇年までの時期は、通常のように現実の欠陥に遅れて対応するというのではなく、良好な経済発展とあいまってイデオロギー的なプログラムを実行していったということで特徴づけられるであろう。

それゆえ、高齢者福祉における大きな改革は二一世紀に入ってずっと先までもち越されるであろうことを多くのことが示している。社会問題の解決のあり方を規定する何らかの新しい強力なポスト物質主義的イデオロギーは、いまだはっきりと現れてはいない。恐らく、一九九〇年代に議論され開始されている改革が、せいぜい未来の可能性や価値観、諸関係の一端を含みうるというところであろう。悪くするとそれらは、経済における一時的苦境や短期的な政治的利害への対応にすぎないかもしれない。

◆変化はどのような方向をたどるようになるのか

老いとは、何ら統一的な概念ではない。むしろ、老いはいくつかの段階に分けられるし、もしそうしたいならば異なる前提やニーズをもつ年齢グループにも分けられるし、まったく個人として観察することもできるという具合である。比較的元気な六五歳から七〇歳の間の年金生活者もいれば、自己の活動は制限されてきているとはいえ、ほとんど健康に生活している七〇歳から八〇歳の間のより年配の年金生活者もいるし、老いて衰弱したために多大なケアや介護を必要とする年金生活者もいる。ここで述べたいのは、年金生活者の介護やケアを、〔たとえば賃金のように〕集団的で公的な主体間の交渉の問題としても、老人学者の専門の問題としても扱えないのであり、そのあり方は、最高度に個人的な問題として個人の脈絡のなかでしか決定できないことである。

物質主義的価値観からポスト物質主義的価値観へ、安全重視から自由重視へという今日われわれが見る価値観の推移は、〔利害団体や専門家などが担ってきた〕社会的諸関係に関する社会的機能主義の一般的に確立された専門知にたいする信頼が失われる方向に価値や理念が展開しつつあることを示している。また、社会問題への「国民の家」的な集団主義的解決への関心が衰えていることを記すことができる。それにたいして、老人の多様な福祉や医療のニーズにそれぞれ特化した専門的な支援への需要が増加することが予期できる。このことは、コミューンのもとでの総花的な高齢者福祉の諸前提を切り崩している。他方、われわれは高齢者福祉のニーズがますます多様化することを知っている。コミューンによる高齢者福祉が重要性を減少させるならば、何かほかのものが、そうしたニーズが体現する需要を満足させるようになるであろう。

二一世紀には、ますます多くの老人が健康で活動的に生活するようになることで、老いにたいする新しい見方が発展することはありそうなことである。多くの者が長い老後の生活を送るようになれば、老人の新しい文化パターンが発達する。老人の収入が増加していくことは、恐らく老人のための新しい財やサービスへの需要につながることになる。

二一世紀には、産業主義下の賃労働者を特徴づける生活形態や、それと結び付いた特殊な老人文化も引き続いて衰退すると思われる。社会においてますます多くの者がキャリア型生活形態に包摂され、高齢者福祉もそのことに影響を受けるようになるであろう。というのも、第一に、最初の大きなキャリア型生活を営んだ層が二一世紀初めに年金生活者となるからであり、第二にこうした生活形態がますます多くの者によって担われるようになるからである。年金システムは、こうしたキャリア層の所得が不均等であることや一時的にのみしかプロジェクトに従事してこなかったこと、年金受給年齢が一定ではないことを考慮せねばならない。高齢者福祉や医療の組織やサービス提供は、キャリア型生活形態が職業生活のみならず老後においても甚だしく個性に富んでいることに適応できなければならない。

また、二一世紀の社会は、自立型生活形態、賃労働者型生活形態、キャリア型生活形態に代表される、少なくとも三つの、明確に区分された生活形態が並存するようになる。高齢者福祉はそれぞれの生活形態のみならず、それぞれの生活形態のなかでの多様性にも対応できるようにフレキシブルでなければならないのである。

一九五〇年代および一九六〇年代において、スウェーデンへの移民は大規模なものであった。一九七〇年代、一九八〇年代、一九九〇年代においても移民は続いたが、その性格は労働力移民から避難移民へと変化した。短期的には二〇〇五年までの時期、長期的には二〇二五年までの時期に、移民がどのように高齢者福祉に影響を与えるかについてはほとんどわからない。確かなことは、移民の文化的バックグラウンドが、彼らが年金システムや福祉諸制度をどのように見るのか、どのようなタイプの高齢者福祉を求めるのかに決定的な意味をもつことである。恐らく、こうした多様な文化パターンを満足させうるように高齢者福祉の真摯な努力と適応が求められる。その際には、高齢者福祉のフレキシビリティを増すことが不可避な帰結となる。

未来においてまったく不確かな要因は、老人の移動パターンである。すべての年齢グループにおいて、移動が長期にわたって減少していることが知られている。多くの要因がこのことに貢献している。ここでの文脈で重要なのは、コミューンが高齢者福祉を強力に整備してきたということである。したがって、ほとんどの人口密集地においては高齢者福祉を受けるために引っ越しをする必要がない。それに加えて、ランスティングの医療や外来医療を統合する計画を考えると、地域で受けるサービスはより充実したものとなる。

問題となるのは、老人の間で移動パターンが減少していることが安定的であるかどうかである。引っ越したくないというよりも、むしろ行列の問題、すなわち家事サービス、フットケア、移動サービス、老人ホームなどのための行列のなかで自分の順番を残って確保しているというようなことはあり得ないであろうか。もし、引っ越しを促がすほかの魅力的な誘引があれば、引っ越しをしていくのであろうか。そして、高齢者福祉システムをよりフレキシブルにしていくと老人の移動は増えていくのであろうか。

安全（trygghet）の概念は、高齢者福祉においては中心的なものとして現れる。そのときの安全とは、介護やケアを受けること自体における安全のみならず、福祉を財政的に支えていくうえでの安全も意味する。それゆえ、高齢者福祉のさまざまなシステムのあり方をめぐって要求される安全とは何を意味するのかを議論すべきであろう。われわれは、ランスティングからコミューンへ長期医療を移転したエーデル改革から議論をはじめることとする。改革においては、緊急医療は含まれず、それはランスティングの管轄に残った。(原註25)

エーデル改革においては、第一の目標は全体を見る眼を強化することに置かれた。すなわち、「人間のニーズは、社会的あるいは医学的というように半分ずつに分けられない」のである。エーデル改革は、コミューンに高齢者福祉について全体を見る責任を与えようとした。しかしながら、コミューンが老人にたいするケアの重要な部分をなす医療を担当できないかぎり、こうした責任はほとんど果せない。全体を見る眼とは、コミューンが老人の必要としうるものすべてを扱い、組織し、実践することを意味する。そのときには、個人にとっての安全は体系的な観点から全体的に検討されうるのである。とはいえ、恐らくこのことは、同時に個人のシステムへの依存も全面的となることを意味する。

いかにそうしたシステムが善意からのものであっても、少なくとも明確な欠点が次々と現れるときにはその能力にたいする疑いが生じてくる。安全はただ一つのシステムに依存することによって減少するのであるが、ほとんどのシステムが遅かれ早かれ欠陥の兆候を見せてくるということによっても脅かされるのである。高齢者福祉に関しての全体を見る眼は、組織の観点から出発してはならない。各個人からこそ出発しうる。老人となる一人ひとりにとって、高齢者福祉に関する全体を見る眼とは何だろうか。システムを構築するにあたってそうした出発点は、一部には今日とは異なる解決につながると思われる。

改革で意図された第二の目的は、選択の自由を増加することである。すなわち、「人間にとっての選択の自由。コミューンが十分な介護、ケア、そして安全を保障すること」である。ここでは、コミューンが十分な介護と安全を保障することによって選択の自由の増加が成立すると主張されている。しかし、選択の自由を増やす目的は、コミューンが保障することだけでは実現されない。選択の自由を増やすということは、よりいっそうの多様な独立したサービス提供者が存在し、それらの間に競争が機能していることによってこそ実現されるからである。また、選択の自由を増やすことは、たとえば購買力が増加することや自己の老後を計画して管理する責任が増えることによって個人の選択する能力が拡充されることを前提とする。自分が唯一の福祉供給者であるのに、選択の自由は十分存在すると考えているならば、そういうコミューンを信頼できるであろうか。

エーデル改革の第三の目的は、安全を増進することと言い表されている。すなわち、「市民は、必要とするとき、それにふさわしい介護やケアを受けられることを当てにできる」のである。ここでは、介護とケアの間の調整が以前よりもうまく行われ、そのことが老人にたいするケアの実践に関するより大きな安全をもたらすことが意図されている。しかし、ランスティングから療養院や長期医療を引き継ぐことは、医療に何らの直接的な効果を保証しない。それゆえ、この面で改革によって安全が増すとは思われない。改革の動機は、むしろ高齢者福祉における組織構造の合理化であり、老人の介護やケアにおける生産性を増進させようとしたことであると思われる。

このように高齢者福祉システムが自身で安全をどのように描いているのかを調べてみると、安全の概念が個人にとっての概念とは意味がまったく異なっていることがわかる。老人にとって、世界は次第に「萎縮（krymper）」する。親類や友人、そのほかの者とのコンタクトをとる機会が減る。残った少数の関係における質と安定性は、決定的に重要である。安全とは、こうした他者とのコンタクトからなる。つまり、ある老人にとって安全を保障してくれるのはこのような小さなシステムであるということである。老人の安全を保障し、提供されるケアにおける継続性のニーズを満たすのは、一人あるいは複数の長い付き合いの人物なのである。二一世紀の老人にたいするケアは、こうした洞察から出発する必要がある。

変化はさらにどのように進むか

われわれは、高齢者福祉に諸変化をもたらしうる、社会におけるいくつかの起動因を指摘してきた。たとえば、何より人口の年齢構造における量的な運動であり、次第に増大する年金生活者における購買力である。また、変化の方向を決定する諸要因についても議論してきた。すなわち、生活形態や文化パターンが変化するために人々の間での価値観の推移が生じていることや、恐らく時代を超えて高く位置づけられる価値として、老後の生活における安全があることなどである。歴史を扱った部分で見たように、高齢者福祉のあり方がいかにゆっくりと変化するのかは誰の目にもはっきりとしている。変化の遅さをもたらす一つの要因は、高齢者福祉の組織を特徴づける長期にわたって存続するイデオロギー的刻印である。そうした刻印は、組織における想像力や実験能力を制約することにつながり、それが改革を実行する活動や発展を妨げる。イデオロギー的障害が、各単位、各レベルなどの間を互いに架橋する力を減じてしまう。それゆえ、創造的な改革の提案は福祉の組織においてあまり広まらず、知識の伝達は遅々として進まず、変化は遅れるのである。

他方、高齢者福祉の分野で現在議論されているさまざまな改革のアイディアが、何よりその組織を問題としていることも事実である。組織を成果単位（resultatenheter）に分権化する、活動の一部を民営化する、諸活動を統合する、年金システムの一部を個人化するなどと議論される。また、料金システムの導入も議論の対象となっている。こうした議論では、高齢者福祉の根本理念である「自分の年金で自分のケアをまかなう」ことについては、実際には何を意味すべきなのかは深く掘り下げられない。改革をめぐる議論は、主に現行の活動における改善を意図した合理化問題に向かっている。こうしたことが、未来における高齢者福祉の根本的な転換を邪魔したり、もしくは遅らせたりするならば改革の障害と見なされうる。

高齢者福祉の基本的な文化パターンが「自分が稼いだ年金で自由にケアを選択する」方向に最終的に移っていくのは、恐らく二一世紀に入ってしばらくしてからのことになると思われる。文化パターンが変化するのは、まず一九四〇年代生まれの世代が年金生活者となって、自分たちの数の多さから年金システム、コミューンの高齢者福祉や医療における欠陥を顕在化させてからのこととなる。そのようにして、世代効果、すなわち世代の大きさがそれぞれ異なることの社会にもたらす影響は、高齢者福祉の文化パターンにおける変化速度の遅さについてなお一つの説明を与えている。

比較的早く組織的な変化を促がす要因は、一九四〇年代生まれの団塊の世代が自分たちの年金や自分たちの両親の世話について不安を抱きはじめていることである。コミューンの高齢者福祉にたいする圧力もまた、老人の数や老人の人口に占める割合が増大することがはっきりしてくると、近いうちに注目を集めることになるであろう。根本的なパラダイムシフトではないが、予想される高齢者福祉の部分的な改革は現行システムにおける効率性を改善することを意図したものとなると思われる。それは、次のようなものである。

- 蓄えられた年金基金（拠出）と年金として引き出す額の間をより密接に結び付けること。
- 自発的な年金保険の割合を増やし、集団的・強制的なものの割合を減らすこと。
- 家事サービス、移送サービスなど、高齢者福祉市場で今日手厚く補助金が与えられているサービスについて料金による財源調達する割合を増加させること。

●コミューンの組織における分権化によって内部での競争を促がすこと。

●家事サービスからその活動方法や老人への接し方（förhållningssätt）を老人ホームやそのほかの老人諸施設に移すこと。

●老人医療において、料金による財源調達を進めること。

●老人の施設への居住に関して料金による財源調達を進めること。

料金による財源調達は、恐らく年金生活者の所得が上昇するに従って徐々に進められると思われるが、それによって高齢者福祉における不平等が進む恐れがある。それを防ぐために、料金が高くならないための保護とセットにすべきであろう。(原註26)

一九四五年以後、高齢者福祉における明確な理念的な転換が起こった。そうした福祉イデオロギーにおける転換は、「施設介護ではなく家庭での介護」という言葉で特徴づけられる。一九四五年以来、高齢者福祉において多くのことが変化し改善されたとしても、次の一九五二年に書かれたイヴァール・ロー＝ヨハンソンの『老人のスウェーデン（Ålderdoms Sverige）』からの引用でわかるように、なおそこでの議論が依然として現実性をもっている。

私の側からいえば、議論のなかでもっとも重要なことは老人ホームの状態の問題ではなかった。老人ホームの状況は、老人介護にたいする決まりきった理解や、老人問題にたいする型通りの考えを表すものにほかならなかった。本質的なことは、若い世代の老人にたいする態度であった。社会的リスクを含んでいたのは若者や中年におけるメンタリティであったが、老人自身も変わらねばならなかった。とりわけ、築き上げられた世代間の溝が架橋されねばならなかった。つまり、世代間の継続性が失われていた。そのことは、若者が古き伝統に固執すべきだということを意味するのではなかった。むしろ、老人が若者とのつながりを感じるべきだということであった。

現在そうであるように、それぞれの世代は別々の層に分かれていた。互いに強い違和感をもち、老人は社会生活から排除されつつあった。施設では、孤独な生活のなかで彼らの特質は生かされなかった。つまり、老人は、そこでは少しも自身を有用な存在とすることができなかったのだ。通常の環境における生活から孤立して生活するため、彼らはまた鼓動する生活のリズムからも少しも交わることなく距離を置いていた。労働の場からも人が集まる娯楽の場からも締め出されることで、老人たちは苦虫を噛み潰して不機嫌となり、まもなくそのことは若者が注目する老人の特徴ともなった。社会において、何かが誤っているのか、社会そのものが欠陥をもっていた。つまり、誰の目にもわかる不虞者と似ていた。

おびただしい誤った「ヒューマニズム」やピントのはずれたセンチメンタリズムが、老人問題をめぐって広がっていた。ある年齢が来れば、働くのを辞めようという理念がはびこっていた。もし、ある者が逆のこと、つまりその人の年齢ではなく特質や能力によって仕事をするのを辞めるべきだと主張したならば険悪な反応が返ってきたであろう。年齢によって仕事を辞めるというのは、反面、労働それ自身が何ら価値をもつものと見なされないことに拠っているのであり、それにたいしては働くことの名誉や働く意志が回復されねばならない。その際には、労働はもはや一種の罰と見なされるべきではないのである。

このことは、老人問題全体を見る観点に密接にかかわっている。ある年齢に達すると年金を受け、仕事を辞めることがメリットであるということを信じているかぎり、老人における生きる意志は圧倒的な致命傷を被るであろう。現代人にとって最大の死に至る危険は、科学によって乳幼児の病が克服されて以来もはや一歳以前にはなく、人間自身によって刻まれた一種の自分への死亡宣告の日付である年金受給年齢にあるのである。年金受給年齢になったとき、何かをあきらめるのではなく何かを得ようとするべきである。さもなければ、年金生活者は生ける屍《しかばね》となってしまう。老いることはまた、満足や喜びを意味しうるようになるべきである。

たとえ、きわめて豊かな生活を送っていたとしても、何もすることのない年金生活者ばか

「スウェーデンの老人ホームにおける老人の典型的な写真。老人ホームの部屋や廊下は、誰でも出入りする共通の空間である。病床の不足は嘆かわしいものである。スタッフは介護のため教育を受けていないが、自分に出来ることをやっている。しかし、人員不足は危機的状況にある。現行の老人ホームについての法規定は、1918年の救貧法とともに生まれた。その時に『老人ホーム』と名づけたことにより、これまでの貧民小屋の名はなくなった」（*Ålderdom,* s.16）

「食器と尿瓶はしばしばベッドの下の同じ所にしまっておかねばならない。ストックホルムの真ん中の老人ホームでの食事のひととき」（*Ålderdom,* s.22）

りが暮らす国というのは求めるべき理想の形態ではない。しかし、それが理想として掲げられてきた。また、民主主義は、個人の大望が社会や国家に課せられた責任と難なく代替されてしまうようなところでは完全に誤解されてきた。こうした社会あるいは国家の背後には、彼らもまた年金生活者となるのを待っている官僚の壁があった。生活における緊張感、労働や何かやり遂げたときの純粋に個人的な喜びは、年金を受け取る日とともに失われた。労働をより容易にし、より良くやり遂げてきたのは、何も最終的にはそれをやめるためではない。労働を愛する者が社会において生きる方向を自由に見定めながら、そうした改善をすることで人間としての尊厳を高め、自己意識を高めるためである。

老いた者が社会の一線にとどまるか否かを決定するのは、年齢ではなく特質であるべきである。産業社会では、年金受給年齢にある多くの者は、社会では当然引退すべきである。隠居の理想、「安穏に暮らすこと」は、施設の思想と手を携えている。まもなく、それが求めるべき理想でないことを年金生活者自身が発見するが、そのときにはたいてい手遅れである。「趣味」が労働の中心的な位置に取って代わるには役不足である。社会は、老人に抗して組織されてきた。老人は、老いて衰弱するケースを除けば、そうであるよりもずっと長く生産や社会生活に残り得たのである。生産にあっては老人の職業がつくりだされるべきであるし、それ以外可能でなければ、老人向けのハーフタイムの仕事などが提供されるべきである。何であっても、何もすることがないことを課せられるよりもましである。

老いの研究が、年金受給年齢や年金生活者を見る眼をラディカルに見直すことはほとんど確実である。それは、たとえば国民年金を危険にさらすことを意味しない。それは、瑣末なことにすぎない。国民年金は、まったくわずかだが、老人たちが以前に社会に投資してきたことにたいする払い戻しである。年金を受ける者が、それによって生産や社会生活から立ち退きさせられる必要はまったくない。国民年金を理由として、老人がたまたま得た仕事に課税をすることはあまりにも愚かで、老人にたいする殺意（mordlust）を連想させるほどである。そうではなく、社会は老人にたいして自助の手助けをし、その志をくじくのではなく励まし、老人が仕事を得るのを妨げるのではなく容易にすべきである。

外国の老人研究者が図式的なプランを示している。それによると、「年金受給年齢に達しても労働者から仕事を一斉に取り上げるな」という。そして、徐々に老後の生活に入って適応してもらうが、それがまったく非生産的な生活局面である必要はないという。六〇歳代から五年ごとに一週間に一日だけ働く日を減らすと、七五歳になっても依然として働ける労働者を目にすることとなる。

老人にたいして、その生活形態が老いつつある者の未来のモデルとなるようにあらゆることがなされなければならない。老人は、施設に入れられるのではなく、彼らが生活する場にとどまれるように手助けされねばならない。標準的である老人の閉鎖的なケアに投ぜられている資本は、老人が自然な環境で生活するのに必要な保護に投ぜられるべきである。老人の急病は、若者と同様に一時的な病と見なされるべきで、昨今そうであるように「慢性的な老人病」という分化していない専門のもとに送られるべきではない。重い場合のみ、恒常的な施設での医療ケアが施されることが強制されるべきである。老人は、自分の人生について、もちろん自分の死についても決定できるようにするべきである。(原註27)

◆ 依存と福祉

この本の歴史を扱った部分と同様に、モターラでの高齢者福祉の現状について記述した部分(原注25を見よ)においても、社会政策が老人の誤った像や老人が社会におけるお荷物であるとの像を正当化して強化している例が存在する。

モターラでは、老人のためのケアを扱う委員会は「老人・障害者委員会」と呼ばれていた。同様に、高齢者福祉の理論や実践において、このレポートにおいてさえも、「介護負担(vårdtyngd)」や「扶養負担(försörjningsbörda)」というようにマイナスのイメージをもった言葉を使っている。さらに、われわれの年金システムにおいて規定された年金受給年齢は、年を取ることが労働能力にもたらす結果を判断したものであるが、それは一般的には真実と一致しているとは考えられない。われわれは、上記の例が示すように、ほとんどの老人は虚弱で病気持ちであり、働く能力がなく、孤独であるという理解を広めている。

われわれの老いを見る眼にはパラドックスがある。長生きをすることは、何か社会的に追及されるべき価値をもつと見られている。福祉国家は、生活条件や医療などを改善することにより、そして生活水準が上昇するに従って徐々に国民の寿命が延びることに大いに貢献してきた。そこで矛盾していることは、追い求めて到達した状況、すなわち高齢者をお荷物か何かネガティヴなものと見なすことである。一つこのことを説明可能にするのは、さまざまな方法で老いをコントロールすることによって虚弱、病弱、死といった老いのネガティヴな側面を克服しようと試みているということである。

しかし、集団的形態での、とりわけ社会政策によるコントロールは福祉国家への依存につながる。年金システムのあり方は、老人を労働生活から切り離し、老人ホームでのケアの方式は老人が自己のもつ諸資源を利用するのを妨げる。老人は、社会政策的諸手段やそのあり方を支配する価値観や態度に依存するようになり、彼らの生きる可能性もそれらによって制限されるのである。

そうした高齢者福祉のあり方によってつくりだされた福祉国家への依存は、何ら生物学的な根

表3－4　ケアの契約による自立への可能性

	自己の可能性	個人における前提	社会における前提
①	自己の資源	戦略的資源	社会より与えられるサービスからの自立
②	他者の資源との交換	有効な多くのオルターナティブ	サービス供給が独占されていないこと
③	諸便宜の獲得	強制的権力・法的諸権利	法と秩序
④	与えられる諸便宜なしでやっていくこと	ニーズを削減すること	個人の自由

拠による依存ではない。それは、高度な理念の産物である。たとえば、われわれは今日もっている老いについての知識に照らし合わせてみても、統一的な年金受給年齢が労働の生物学的限界となるとほとんど主張することはできない。高齢者福祉における一連のケアについての経験に照らし合わせても、高齢者福祉は個人個人のニーズに対応した生物学的な老いを反映していると主張することはできない。(原註28)

われわれの意見では、福祉国家の社会政策にたいする老人の依存を減ずる理由がある。**表3－4**では、ケアの契約により依存を回避するための四つの選択肢が要約されている。(原註29)

表3－4における最初のケース①は、親切で面倒を見てくれる環境など自己の資源をもっていることに基づいている。そのとき、自立は家族や友人といった戦略的資源があり、それによって社会の恩恵やサービスがなくともやっていけることを前提としている。

第二のケース②では、自分ではケアのための資源をもっておらず、誰か交換に応じてケアを担ってくれる相手にアプローチしなければならない。この場合、自立の前提は多くの有効な選択肢が存在し、奉仕やサービスが独占されていないことである。

第三のケース③では、たとえば、医療を受けることや老人ホームに住むことなどといった便宜を獲得する可能性が存在する。この場合での自立の前提は、獲得の可能性を与える権力機関や法が存在していることである。

第四のケース④では、既存のサービスや奉仕に近づけない。自立は、自己のニーズを切り詰めるか少ないニーズの充足で満足することによって維持される。その場合、何が老人にとって我慢できる住宅か、また食事などといった社会的規範は強制されるものではなく、強制的な保護やそれと同様な処置で対処されるのではなく、個人に大きな自由を許すものでなければならない。

いずれにしても、たとえば、年金システムをより個人に適応したものとし、年金システムの高い水準を維持することは、ほとんどの老人にとって金銭の形での自己の戦略的資源を増やし、他者からの自立を進めることにつながるにちがいない。また、福祉国家の老人にたいする介護やケアの独占を打破することは、有効な選択肢を増やし、高齢者福祉のほかの担い手に接近することも容易となることにつながるにちがいない。

老人は、スウェーデンにおいては重要な政治的権力要因であるか、あるいはそうなりつつあり、この事実は政治的利害集団の組織化をもたらす可能性がある。その見込みを延長すると、そうし

図３－３　老人福祉における価値観の位置づけ

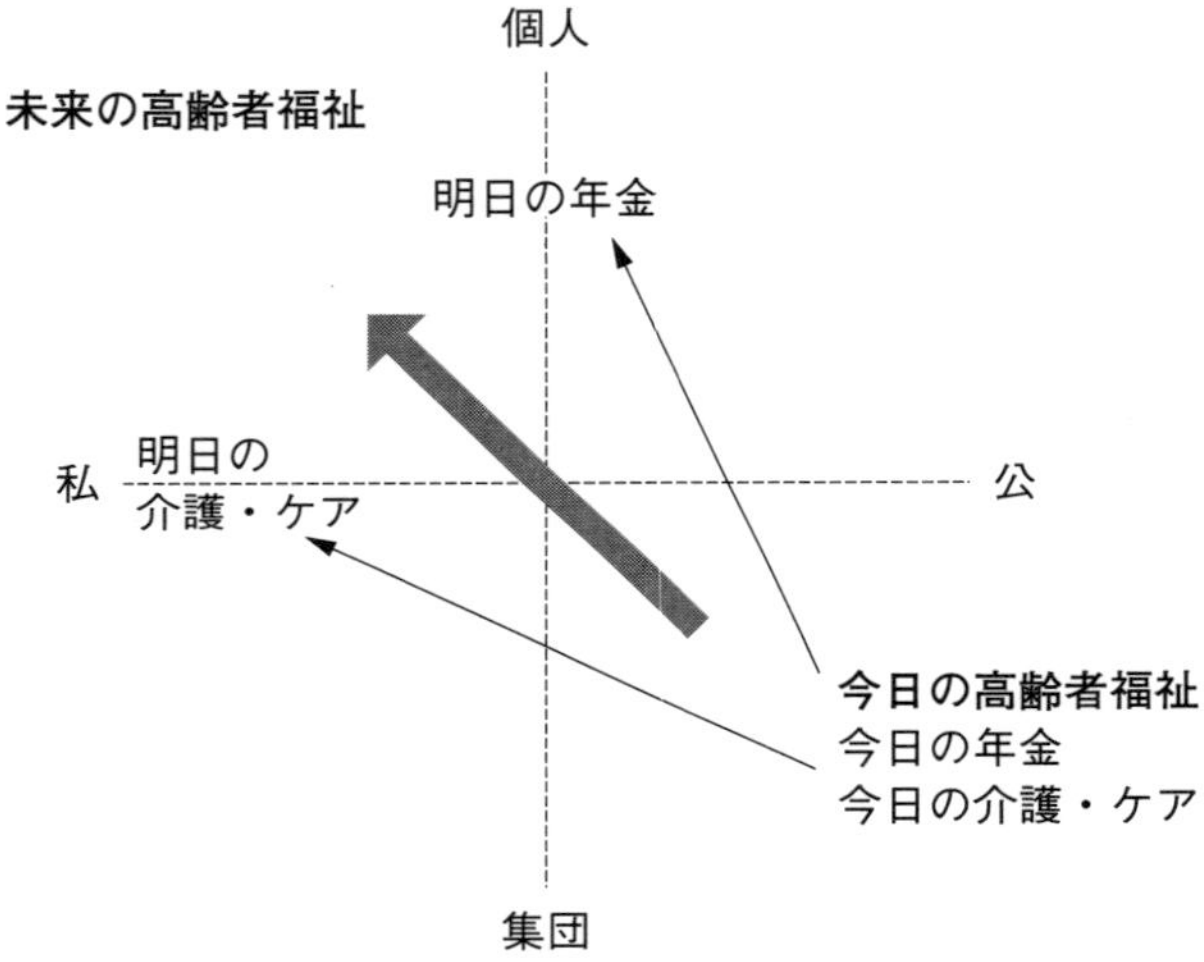

た場合、世代間の激しい対立、少なくとも空想であるけれども一種の政治的世代間戦争を見るかも知れない。高齢者福祉の拠出金を老人や世代間の購買力の配分を考慮しないで引き上げる政策は、恐らくそのようなネガティヴな結果をもたらしうるのである。

老人が、声高に、サービスや介護、ケアについて不満を申し立てることは稀である。高齢者福祉についてのすべての、いわゆる消費者調査はこのことを指摘している。自己のニーズや期待を引き下げ、周囲の環境を受け入れることは、彼らにとって依存を避けるありうる方法である。しかし、老人の価値観は変わりつつある。近い将来、老人ケアや介護を個別的なものにせよという要求は次第に高まっていくと予期できる。このことを見込んだ社会政策が、社会において老人が果たす役割を通じて自己実現を進めていく可能性をもたらすにちがいない。

ここで、**図３－３**で示した価値の所在を表す図において「民間―公共」、「個人―集団」の座標軸で規定される位置を、モターラについての研究で取り上げた今日の高齢者福祉における価値観の位置についての議論と結び付けることができる。われわれは、図の座標軸で見ると、「公共―集団」の位置から「民間―個人」の位置への移動で示される現実に進行する価値観の変動を指摘した。価値観の変動は、未来において年金システムについてもケアシステムについても高齢者福祉にたいする新しい観点の必要を示唆する。

年金生活者の公的かつ集団的な高齢者福祉のシステムにたいする依存を減らし、なおかつ**図３－３**で示された未来における価値観の変動を満足させる二つの可能性がある。一つの可能性は、もし資源が老後の生活を経済的に支える手段あるいは契約を意味するならば自己の資源にかかわっている。価値観の変化を適切に解釈すれば、年金システムは今日そうであるよりも個人で決める割合が増加することとなる。そのような個人で決める年金への移行は、図で「今日の年金」から「未来の年金」への移動で示したような、未来における民間の年金貯蓄の増進なしには起こり得ない。

もう一つの可能性は、民間のケアの担い手による供給が増大することによって実際のケアにおける有効な選択肢が増えることである。こうしたことはまた、「今日のケア・オルタナティヴ」から「未来のケア・オルタナティヴ」への移動で示されるように、個人によって受けるケアの差が拡大することにつながる。もちろん、未来のケアに関してはまったくの個人的方向、すなわちケアは公共によるものであるが、公的な供給が高度に個人に向けられたものとなるという方向への移行も考えられる。

しかし、こうした発展はありそうにない。というのも、年金の個人化は次第に老人ケアにおける選択肢の多様性を求めることにつながるからである。ここで述べたような価値観の変動は、長期的な見通しにおいては、年金収入の点でも高齢者福祉にたいする資源の供給のあり方に関しても、個人間で社会的格差を拡大するようになることは確かである。

◇ 選択の自由の福音

社会では、価値観の推移が疑いなく進行している。それは、より個人によって選択されるようになる世界、また今日の大きな集団にたいしてより自立的で私的なものである世界を期待することを意味する。それは、責任を取ることがなくなるとか、エゴイズムが増長することにはならない。というよりもむしろ、そうした価値観の推移を、個人的・私的領域の拡大が望まれていることと解釈しうる。

極端に簡略した形でいってしまえば、高齢者福祉における期待は、「自分で稼いだ年金で高齢者福祉における選択の自由を獲得する」ということで表現される。選択の自由とは、進行している価値観の推移をとらえて端的に示す言葉である。しかし、高齢者福祉における選択の自由とは、個々の年金生活者が未来において意のままになる資源を考えるとどれだけ現実的なものとなるであろうか。そして、高齢者福祉における選択の自由はいかに実現されるようになるのであろうか。また、その実現はどのような結果をもたらすのであろうか。

高齢者福祉における今日の独占に近い状況は、確かに高齢者福祉のさまざまな形態にたいする需要を満足させることを制約する。すべてのケア活動を全面的に規制撤廃することでもたらされる何か特別なデメリットを探すことは難しい。ケアの供給や実践は、その権威をふりかざす性格を減じることだけでも得るところは大きいと思われる。

年金は、未来においてますます個人的な性格をもつようになると想定できる。それは、二一世紀に年金生活者間で購買力の格差が増大することを意味する。そうなったとき、低所得の年金生活者は、自己のケアのニーズを減らすことができないうえにお金を十分にもっていないこととなる。ならば、どうすればよいのであろうか。ほとんどの年金生活者の所得が、年間に七万クローネから三〇万クローネであることを考えてみよう。ほとんどの者が一五年から二〇年間にわたって年金生活者として暮らし、次第にケアのコストを増大させる。つまり、高齢者福祉の分野でいうところの介護負担を増大させるわけだ。介護負担は、最初の一五年は平均二万クローネであり、それからむしろ急速に増え、人生最後の五年は年平均二五万クローネとなるということは、決して非現実的なコストの動向ではないと思われる。こうしたコストの動向から見ると、多くの年金生活者が、年金受給期間すべてにわたって自分でケアのコストをまかなうことができないということはかなり明白である。

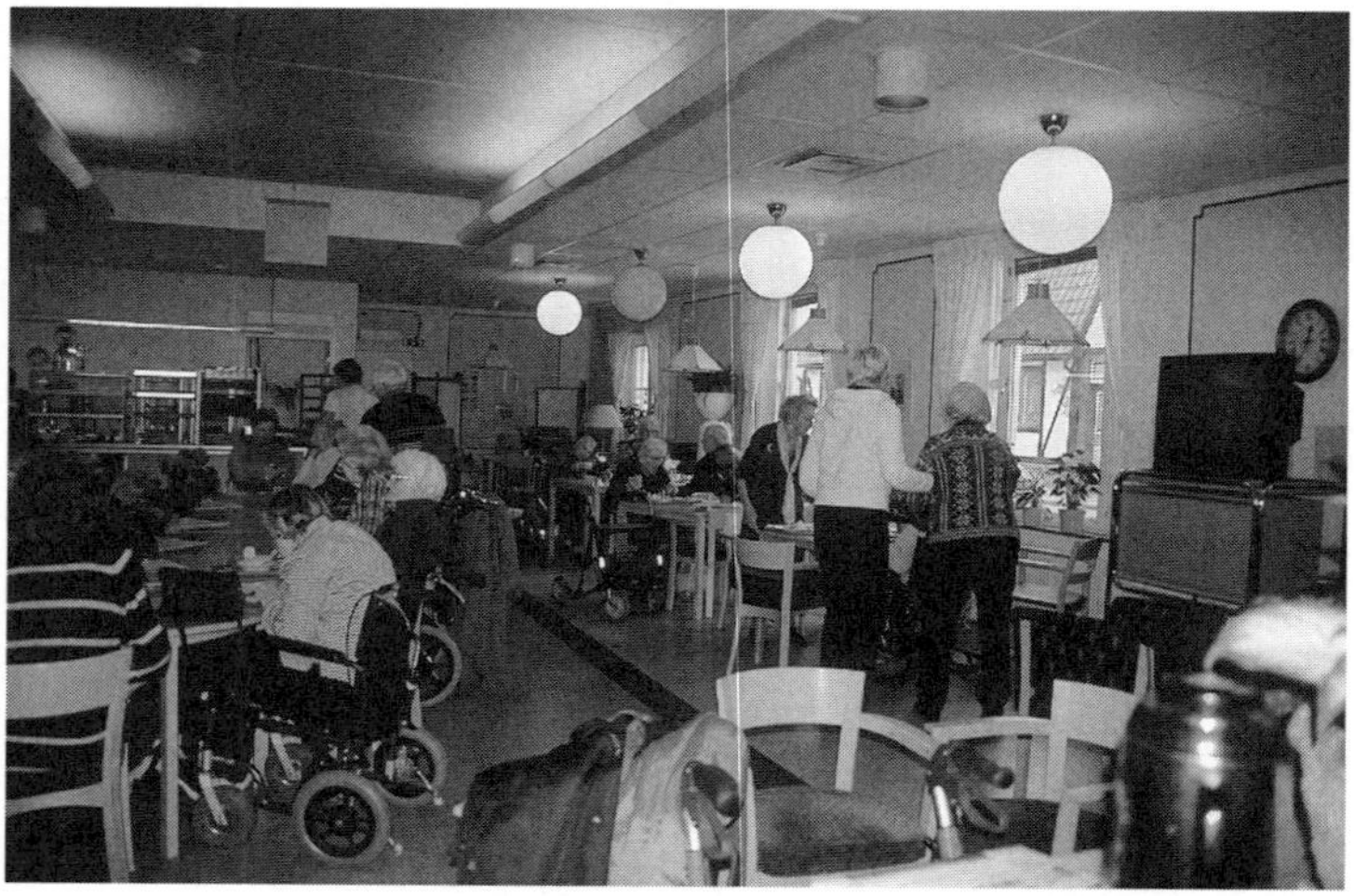

カルマルのデイセンター　（写真提供：松岡洋子）

多くの者にとって選択の自由が病気や障害のために制限されるとき、集団としてわれわれはどうするのであろうか。二一世紀にかけての世紀の変わり目に、スウェーデンには死に瀕した年金生活者が約九万人いると想定される。実際のところ、概して彼らは個人的な選択の自由をもっていない。そうした状況に対処するには、集団的、相互的にリスクを引き受けることが不可欠といってよい。

ほとんどの者は、重い介護負担を抱えて長年病気の生活を送れるほど十分貯蓄することは不可能である。老人の経済的リスクは、状況が異なるため、老後のコストがまったく異なる多くの者の間で分かちもたれて対処されなければならない。比較的小規模に、再保険(2)を伴う相互的な保険システムを組織することは可能である。そのような保険システムは、もし自律性、すなわち選択の自由を増やしたいと思うならば将来性がある。しかし、リスクはスウェーデンに住む者すべての間で分かちもたれるべきではない。

(2) (återförsäkring) ある保険者が自己の引き受けた保険契約の責任の一部あるいは全部について、他の保険者の保険をつけることをいう。これによって、最初に契約を引き受けた者は自己の責任を分散し、リスクを平均化することができる。

第4章 歴史は続く

（写真提供：スカンジナビア政府観光局）

◇ 現実性、白昼夢（dagdröm）、心理的抑圧（bortträngning）

未来は、今われわれがすること、言うこと、書くこと、知っていることなどに影響される。われわれのニーズ、価値観、選好、計画は、それらを実現する程度において未来の要素となる。今日の不安は、未来に影響を与える行動を解き放したり妨げたりする。未来の内容は、自分たちが晒されているのがどのような脅威か、自分たちがいかなる可能性を実現しようとしているかによって少なからず規定されるのである。

老いや老いる過程について考えをめぐらすことは、しばしば表面的でおざなりなものとなりがちである。われわれは、積極的により深い知識を求めていこうとしないし、個人として老後を計画することは先送りにされてしまう。それでもなお、年金、高齢者福祉、医療といった大きなシステムについての不安は存在する。もし、自分の資源がなかったら何が起こるのであろうか。本当に、国やコミューンに全面的に頼ることができるのであろうか。それとも、ランスティングに頼ることができるのであろうか。

われわれは、老人の数が増えるとき、高齢者福祉において本質的な欠陥が増大することを歴史から学んだ。われわれはまた、いつ老人が多くなるのかを計算することもできる。それゆえ、未来において欠陥が噴出する事態を避けるためにさまざまなやり方で行動をする。節約し、計画するのみならず、システムをより良く、より一貫して、より安全なものとするための努力をする。われわれが取り組んでいる問題は、自身が社会的に能力を伸ばしていくことだけではなく、自分たちの文化パターンにおける大きな変化に対応できるフレキシブルな老人のためのシステムをいかに構築するかである。

◆ 未来を前に何を変えることが理に適っているのか

老いることの文化パターンを発展させ、変化させること

老人とは何であるのか。われわれは、老人がわれわれの間から離れ、人間的な価値を捨て去るように努力している。われわれは、老人たちの存在を、彼らがどのような負担となるのか彼らがいかなるコストをもたらすのかということで測り、彼らを帳簿の対象としている。「自分の年金で暮らし、他者の世話にならない」という理念は、あまりにも度を越して老人の孤立や老いることの疎外につながっている。

若く健康な個人が、豊かで誰にも頼らずに自立した生活を送ることというわれわれの生活理念

を実施することには、老いによる制約や他者への依存に配慮する余地はほとんどない。われわれの理念は、老いと老いについての知識をタブーとすることを強いている。われわれはまた、老いにともなう知恵も失う。少なからず、老人が若者に伝えうる経験的知識も失われる。われわれは、もはや自己の理念を人生の前半に基づいて構築することはできず、人生全部に意味を与えなければならない！

老後を計画するための諸前提の改善

事前の知識が十分になれば、きちんと計画を立てることは難しい。老いて他者に依存することを詳細に予測することは容易ではない。昔は老いとは何であったのか、今日では老いとは何であるのかを知っても、本来における老いを十分に理解することにならない。諸条件は与えられていないし、未来における社会的、医学的、技術的可能性は予測できない。計画することは、老いの開放的な性格——何ら正しい幸福な解答というものがないこと——によってより困難となる。また、老いに関するコストは人によって大きく異なる。それゆえ、年金システムを多様なリスクに対応する強制的な保険で補完することにより、老いることによってもたらされる偶然的なコストに対処し、老後の安全を増すことが緊急の課題となる。

そうしたリスク保険は、今日、コミューンが管轄する高齢者福祉や老人医療の財政的基盤を拡充しうる。単独で暮らす、あるいは施設で暮らす老人と結び付いたさまざまなリスクを対象としたそのような保険における効率性は、自立的にニーズを判断することや所得に関連させた拠出システムによって強化されうる。

老人の諸施設を改善し、改革し、刷新すること

未来において、小さな施設あるいは家族のなかで老いる可能性を増やすことは理屈にあったことのように思える。寿命が長くなり、同じ時期により多くの世代が生活するようになるため、家族の規模は大きくなる。

家族のメンバーに依存することが増えて

1997年にできた認知症専用のグループホーム「マチルダ・ガーデン」
（写真提供：汐見和恵）

も、必ずしもそのほかの諸施設に世話にならないということを意味しない。また、公共の施設や国・ランスティング・コミューンにおける介護やケアのさまざまなあり方の存在は、選択の自由にとっても重要である。もし、ケア、介護、医療における公共の独占が打破されれば、効率的なサービス生産を組織するより大きな可能性が生じる。というのも、諸サービスや奉仕の供給における多様性が、競争が激しくなることによって拡大する可能性が増えるからである。

人口における年齢構造の変化とその帰結を考慮すること

未来の老人は現在の老人に比べてより元気であり、健康であり、かなり年をとっても良好な体力を維持している。それゆえ、年金受給年齢をたとえば七〇歳に引き上げ、仕事と年金生活の間の移行過程を支えるような準備的年金制度を六〇歳から設けることは理に適っている。さらに、雇用システムや賃金システムも、準備年金生活者や年金生活者が適当な条件で労働生活に残れるように改めるべきである。

年齢グループによる大きさのちがいは、現行の年金システムや提案されている年金システムでは考慮されていない。このことは、今日予測でき、方策を講じうる未来の問題を生む。すなわち、一九四〇年代生まれの団塊の世代が年金生活者となるとき、年金システムは大きな圧力を感じるようになるのである。それゆえ、しかるべき時期、すなわち今からでも臨時の徴収によって積み立てられた年金基金を拡充すべきである。それは、たとえば年金収入にたいして相応した額を一九九五年から二〇一五年にかけて課税するとか、今日の年金システムにかかわっている世代の間での何らかの交渉による解決によって実現しうる。

高度な一般的年金水準を維持すること

高度な一般的年金水準の価値は、福祉の観点からはほとんど議論するまでもないことである。それにたいして、何が高度な一般的水準か、いかにそれに到達するかについては常に議論の対象となりうる。恐らく、そうした水準は、とりわけ強制的貯蓄の分が長期にわたって一貫してどれ位の年金水準を提供できるかがわかっていれば、強制的貯蓄と自発的貯蓄との組み合わせによってもっともよく実現されうる。一貫して保障されている年金水準は、世代間の社会的・経済的な契約であり、実際に交渉しうることは何かということに依存している。

そうした契約において適切であるのは、年金を支払われるようになったときに、年金水準が平均して働いて得られる収入よりもかなり下回ることである。その水準は、平均収入の約三〇パーセントがよいところである。その水準は、老人が新しい文化パターンに移行しやすいように、いつ年金受給しはじめるかによって設定しうる。たとえば、六〇歳ならば二五パーセントで、七〇歳まで受給年齢が上がるにつれ一歳につき一・五パーセント改善されるということも可能である。

このように一貫した年金水準の数値設定は、市民が安心して老後のさまざまな経済状況を考慮して自発的な貯蓄を計画することを可能とする。年金システムは、一年一年、個人の労働の収入からの割り当てによっても財政的に支えられるのである。

上記のように提案した新しい強制的年金システムは、付加年金システムが廃止されることを前提としている。というのも、一九九四年に改革された付加年金システムは、支払ったものを引き出せるという意味で保険的解決であるといえるので、一九九五年以降、二五歳以下の者から付加年金システムのために拠出金を取らないことにすればシステムは解体できるからである。二五歳以上の者は、残った基金と彼らがさらに支払うことを望む額をあわせて分配しうる。

1990.
15. *Urban Policies for Ageing populations*, OECD, Paris, 1992.
16. Odén, Birgitta, "De alder I samhället - förr", Fem föreläsningar, Lund, 1985.
17. Holm, Tommy (red), *Bättre blandad än särbehandlad*, Svenska Kommunförbundet, 1992 ; Rojas,Mauricio, *I ensamhetens labyrint*, Brombergs, 1994 ; Tema Invandrare, SCB, 1991.
18. Ohlsson, Rolf, Broomé, Per och Nilstun, Tore, Operation sjukvård, SNS Förlag, 1993.
19. Arbetsmarknadsdepartmentet, ERU, *90-talets befolkningsfrågor*, Ds 1992:16 ; Ohlsson,Rolf och Broomé, Per, *Ålderschocken*, SNS Förlag, 1988.
20. Johansson, Mats och Persson, Lars Olof, *Regioner för generationer*, Publica, 1991.
21. *Långtidsutredningen 1992*, SOU 1992:19.
22. *Befolkningsprognos 1994-2025, Huvudalternativet*, SCB, 1994 ; Ohlsson, Rolf, "Sjukvårdskostnader och demografisk struktur", IHE, 1990.
23. Bröms, Jan, *Ur askan av ATP*, SACO, 1990 ; Kruse, Agneta, *Pensionssystemets stabilitet*, SOU 1988:57 ; Ståhlberg, Ann-Chrlotte, "Problem med ATP", Ekonomisk Debatt nr 5, 1989.
24. *Kommunerna på 90-talet. Krav och restriktioner*, Kommunförbundet 1990, Bilaga 14 till LU 90 ; *Landsting och välfärd 1990*, Landstingsförbundet *1990*, Bilaga 14 till LU 90 ; Ohlsson, Rolf, Broomé, Per och Nilstun,Tore, *Operation sjukvård*, SNS Förlag, 1993.
25. Broomé, Per och Jonsson,Pirkko, *Besök i äldreomsorgen. Demografi och praktik i Motala*, SNS Rapportserie nr 4,1994.
26. Lindbeck, Assar, *Klarvar vi pensionerna?* SNS Förlag, 1992 ; Johansson, Stig, Broomé, Per m.fl., *Sveas väg*, Kommentus,1992 ; Lindström, Bertil, *Den reglerade marknadsekonomin*, IUI, 1991 ; Ruchelman, Leonard I., *Redesigning Public Services*, State University of New York Press, 1989 ; Odnoff, Jan och von Otter, Caten, "Arbetets rationaliteter", Arbetslivscentrum, 1987.
27. Lo-Johannson, Ivar, *Ålderdoms-Sverige*, Carlssons Bokförlag, 1952.
28. Phillipson, Cris och Walker, Alan, *Ageing and Social policy, A critical assessment*, Gower Publishing Company, 1986.
29. Torstam, Lars, *Åldrandets socialpsykologi*, Rabén & Sjögren, 1986.

原註一覧

1．Söderström,Hans Tson (red), *Konjunkturrådets rapport 1994*, SNS Förlag, 1994.

2．Broomé, Per och Jonsson, Pirkko, *Besök i äldreomsorgen. Demografi och praktik i Motala*, SNS Rapportserie nr 4, 1994.

3．Wetterberg, Gunnar, *Hur ska vi få råd att bli gamla?*, Ds 1989:59.

4．*Avgifter och högkostnadsskydd inom äldre- och handikappomsorgen*, Bilaga 2, SOU 1992:50.

5．Broomé, Per och Ohlsson, Rolf (red), *Generationseffekten*, SNS Förlag, 1989.

6．*Historisk statistik för Sverige*. Del 1. *Befolkningen 1720-1967*, SCB, 1969 ; Hofsten, Erland, *Svensk Befolkningshistoria*, Rabén & Sjögren, 1986.

7．Odén,Birgitta, Svanborg, *Alvar och Torstam, Lars, äldre i samhället - förr, nu och i framtiden*. Del 2. *Probleminventering*, Liber Förlag, 1983.

8．Carlsson, Sten, *Svensk Historia*, Esselte Studium, Lund 1980.

9．Broomé, Per och Jonsson, Pirkko, *Besök i äldreomsorgen. Demografi och praktik i Motala*, SNS Rapportserie nr 4, 1994.

10．Edebalk, Per Gunnar, *Drömmen om ålderdomshemmet - åldringsvård och socialpolitik 1900-1952*, Meddelanden från Socialhögskolan, Lund 1991:5 ; Hirdman, Yvonne, *Att lägga livet tillrätta*, Carlssons Bokförlag, 1989 ; Classon, Sigvard, *Lyftet*, Försökringskasseförbundet, 1984 ; Olsson, Sven E., *Social Policy and Welfare State in Sweden*, Arkiv Förlag, Lund, 1990.

11．Lo-Johannson, Ivar, *Ålderdoms-Sverige*, Carlssons Bokförlag, 1952 ; Edebalk, Per Gunnar, *Hemmaboendeideologins genombrott-åldringsvård och socialpolitik 1945-1965*, Meddelande från Socialhögskolan, Lund, 1990 ; Broomé, Per och Jonsson, Pirkko, *Besök i äldreomsorgen. Demografi och praktik i Motala*, SNS Rapportserie nr 4, 1994.

12．Gaunt, David (red), *Krigsårens barn*, Länsmuseet i Gävleborgs län, 1991 ; Broomé, Per, “Fyrtiotalisterna - om trängsel och utrymme i samhället”, i: Broomé, Per och Ohlsson, Rolf (red), *Generationseffekten*, SNS Förlag, 1989.

13．Lindbeck, Assar, *Klarvar vi pensionerna?* SNS Förlag, 1992.

14．*Avgifter och högkostnadsskydd inom äldre- och handikappomsorgen*, Bilaga 2, SOU 1992:50 ; Johansson, Lennart (red), *Den nya äldreomsorgen*, Publica,

【わ】

【は】

【ま】

【や】

【ら】

【た】

【な】

【さ】

索　引

訳者紹介

石原俊時（いしはら・しゅんじ）
1961年生まれ。
立教大学経済学部主任講師、助教授を経て、
現在、東京大学大学院経済学研究科助教授。博士(経済学、東京大学)。
著書に、『市民社会と労働者文化』（木鐸社、1996年）。
共著に『もう一つの選択肢』（平凡社、1995年)、『近代ヨーロッパの探究3　教会』（ミネルヴァ書房、2000年）など。

スウェーデンの高齢者福祉
——過去・現在・未来——

（検印廃止）

2005年6月20日　初版第1刷発行

訳者　石原俊時
発行者　武市一幸

発行所　株式会社　新評論

〒169-0051
東京都新宿区西早稲田 3-16-28
http://www.shinhyoron.co.jp

電話　03(3202)7391
FAX　03(3202)5832
振替・00160-1-113487

印刷　フォレスト
製本　清水製本プラス紙工
装幀　山田英春

ISBN4-7948-0665-5 C0036

よりよく北欧を知るための本

藤井　威
スウェーデン・スペシャル（Ⅰ）　四六　276頁　2625円
ISBN 4-7948-0565-9　〔02〕
【高福祉高負担政策の背景と現状】元・特命全権大使がレポートする福祉国家の歴史、独自の政策と市民感覚、最新事情、そしてわが国の社会・経済が現在直面する課題への提言。

藤井　威
スウェーデン・スペシャル（Ⅱ）　四六　324頁　2940円
ISBN 4-7948-0577-2　〔02〕
【民主・中立国家への苦闘と成果】遊び心に溢れた歴史散策を織りまぜながら、住民の苦闘の成果ともいえる中立非武装同盟政策と独自の民主的統治体制を詳細に検証。

藤井　威
スウェーデン・スペシャル（Ⅲ）　四六　244頁　2310円
ISBN 4-7948-0620-5　〔03〕
【福祉国家における地方自治】高福祉、民主化、地方分権など日本への示唆に富む、スウェーデンの大胆な政策的試みを「市民」の視点から解明する。追悼　アンナ・リンド元外相。

河本佳子
スウェーデンののびのび教育　四六　256頁　2100円
〔02〕
【あせらないでゆっくり学ぼうよ】意欲さえあれば再スタートがいつでも出来る国の教育事情（幼稚園～大学）を「スウェーデンの作業療法士」が自らの体験をもとに描く！

伊藤和良
スウェーデンの分権社会　四六　263頁　2520円
ISBN 4-7948-0500-4　〔00〕
【地方政府ヨーテボリを事例として】地方分権改革の第２ステージに向け，いま何をしなければならないのか。自治体職員の目でリポートするスウェーデン・ヨーテボリ市の現況。

伊藤和良
スウェーデンの修復型まちづくり　四六　304頁　2940円
ISBN 4-7948-0614-0　〔03〕
【知識集約型産業を基軸とした「人間」のための都市再生】石油危機・造船不況後の25年の歴史と現況をヨーテボリ市の沿海に見ながら新たな都市づくりのモデルを探る。

A.リンドクウィスト，J.ウェステル／川上邦夫訳
あなた自身の社会　A5　228頁　2310円
〔97〕
【スウェーデンの中学教科書】社会の負の面を隠すことなく豊富で生き生きとしたエピソードを通して平明に紹介し，自立し始めた子どもたちに「社会」を分かりやすく伝える。

飯田哲也
北欧のエネルギーデモクラシー　四六　280頁　2520円
ISBN 4-7948-0477-6　〔00〕
【未来は予測するものではない，選び取るものである】価格に対して合理的に振舞う単なる消費者から，自ら学習し，多元的な価値を読み取る発展的「市民」を目指して！

B.ルンドベリィ＆K.アブラム＝ニルソン／川上邦夫訳
視点をかえて　A5　224頁　2310円
ISBN 4-7948-0419-9　〔98〕
【自然・人間・社会】視点をかえることによって，今日の産業社会の基盤を支えている「生産と消費のイデオロギー」が，本質的に自然システムに敵対するものであることが分かる。

朝野賢司・原田亜紀子・生田京子・福島容子・西　英子
デンマークのユーザー・デモクラシー　四六　320頁　3150円
【福祉・環境・まちづくりからみる地方分権社会】５人の若手研究者が見たデンマーク社会。それぞれの専門ジャンルから「市民参加」とは何かを具体的に提示する。

松岡洋子
デンマークの高齢者福祉（仮）　四六 272頁（予）　2940円（予）
【住宅政策・ケア政策・地域政策のトライアンギュレーション】
（2005年７月刊行予定）

※表示価格はすべて税込み定価・税５％。